고려

질문하는 한국사 2

김인호 글 ㅣ 오승민 그림

고려 사람들은 일찍 세계화를 경험했다고?

고려

질문하는 한국사2

역동적인 역사의 무대, 고려

여러분은 고려 시대의 역사에 관심이 있나요? 고려 시대는 한국사의 허리 부분에 해당하는 시기입니다. 하지만 조선 시대의 역사와 달리 잘 모르는 분들이 많습니다. 일단 이미지부터 잘 떠오르지 않습니다. 고려 시대에 관한 그림도 별로 본 일이 없고, 역사서에도 잘 등장하지 않기 때문입니다. 아마도 고려청자가 매우 비싸다는 정도의 생각이 떠오를지 모르겠습니다.

그렇습니다. 우리는 고려 시대의 역사에 대해 잘 모릅니다. 한국사 시간에도 태조 왕건 이야기 정도를 배우고는, 나머지는 무슨 이야기인지도 모르고 넘어가기 쉽습니다. 이 책에서는 잘 알지 못했던 고려 시대 역사를 다루었습니다.

고려 시대가 우리 역사 속의 허리 부분이라 배워야 한다는 것은 억지입니다. 또한 재미있지도 않은 고려 시대 정치 제도를 배워야 할 필요도 어찌 보면 없습니다. 역사 공부는 사건이나 인물을 암기하는 것에 있지 않습니다.

고려 시대 역사라고 특별하지 않습니다. 하지만 고려 시대는 확실히 조선 시대와 달랐습니다. 강대국에 둘러싸인 고려는 스스로를 지키기 위한 전쟁을 여러 차례 치러야 했습니다. 물론 조선 시대에도 임진왜란과 병자호란 같은 대규모 전쟁이 있었습니다. 하지만 고려 시대에는 거란, 여진, 몽골, 일본, 중국(홍건적) 등을 모두 상대했습니다.

조선과 달리 고려는 대외 무역에서 개방적이었으며, 몽골이 세운 제국 아래에서는 세계화의 물결 속에서 살았습니다. 많은 외국인이 고려를 출입하고, 귀화했습니다. 그런 가운데 국왕이 직접 운영하는 백화점이 생기기도 했습니다. 그야말로 독특한 시대입니다.

그뿐만 아니라 쿠데타로 집권한 무신들은 100년 가까이 국왕을 허수아비로 만들고, 통치를 했습니다. 이런 가운데 몽골의 침입으로 정부가 강화도로 옮겨 가 저항하기도 했습니다.

고려 시대는 이처럼 역동적인 역사의 무대입니다. 그 시대를 살았던 사람들은 어떻게 살았고, 시련에 어떻게 대응했을까요? 역사 속의 교훈이란 인간들의 삶에 대한 대응에서 찾을 수 있습니다. 개인과 사회, 국가 모두가 그렇습니다. 불행히 역사적 교훈은 쉽게 잊혀지고, 또 교훈을 실제 행동에 적용하기 어렵습니다. 그것이 불행한 역사를 되풀이하는 이유일 것입니다.

이 책에서는 가르치려고 하지 않습니다. 그냥 정치와 사회의 변화, 그리고 그 속의 인간의 모습을 담으려 했습니다. 삶은 계속 변화합니다. 일정하지 않고 끊임없이 문제에 직면합니다. 개인과 사회 모두가 그렇습니다. 과거를 배운다는 것은 이를 통해 문제를 해결하는 방법을 익힌다는 뜻입니다.

이 책을 읽었다고 그런 것을 모두 배울 수 있다고 말할 수 없습니다. 그렇지만 딱딱하지 않게 고려 시대 역사를 배울 수도 있지 않을까요? 그리고 그 속에서 당시 살았던 사람의 냄새를 맡을 수 있다면 다행이겠습니다.

　고려 시대 전체를 다루려고 노력했지만 모든 주제를 담을 수 없었습니다. 하지만 상관없습니다. 이 책의 모든 부분을 읽을 필요도 없습니다. 재미있을 만한 부분만 뽑아 읽는 것도 공부의 한 방법입니다.

　가능한 시기적으로 골고루 40개의 주제를 뽑았습니다. 그래도 전체적으로 정치 부분이 많습니다. 이 책을 통해 대체적인 역사적 흐름을 이해시키려 했기 때문입니다. 읽어 보고 고려 시대 역사도 매우 소중하다고 깨닫는다면, 더할 나위가 없을 것입니다.

차례

3 장

전쟁의 영웅과 귀족의 생활

4 장

귀족 사회의 위기와 무신 정변

5장
몽골의 침입과 정치적 간섭

6장
불교문화와 개혁

7장
고려의 개혁과 왕조의 종말

1장

고려의 건국과
왕권을 말하다

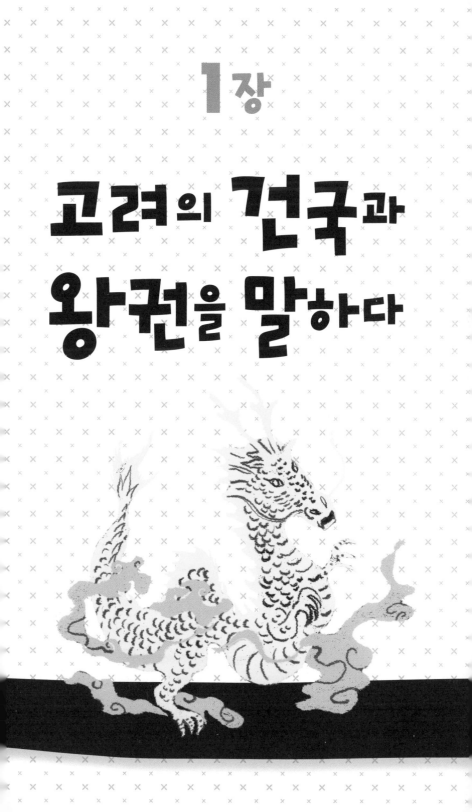

고려 왕조는 500년 가까운 세월 동안 유지되었던 나라입니다. 그런데 우리는 고려라고 하면 '코리아'와 관련 있다는 정도 이외에는 잘 모르죠. 조선 왕조 하면 쉽게 '양반'이라든가, 아니면 '풍속화' 등의 여러 이미지가 떠올라요. 하지만 고려라는 나라의 이미지는 그렇게 잘 떠오르지는 않지요. 과연 고려는 어떤 나라였을까요?

고려 왕조를 세운 사람은 왕건과 지방의 세력가들입니다. 이전의 신라는 귀족들이 다스리는 나라였어요. 국왕이 있었지만 귀족들의 대표자일 뿐이었죠. 신라의 귀족은 혈통으로 자격을 얻는데 여러분이 흔히 아는 성골, 진골 등이 그 자격이에요. 물론 국왕의 자손이 왕위를 이어받았지만, 후대로 갈수록 왕위 계승을 위한 쟁탈전이 심각해졌지요. 그래도 진골이어야 왕이 될 수 있었고 신라 귀족은 수도인 경주에 주로 살았어요.

그러나 후대로 갈수록 귀족 내부는 복잡해졌고, 서로 간에 반목하고 싸움을 하면서 그중에 일부 귀족은 지방으로 내려갔죠. 지방에 간 귀족은 자신의 땅에 깃발을 꽂고, 그곳에서 왕처럼 지냈어요. 이곳은 신라 정부가 간섭할 수 없는 곳이었죠.

또한 왕위 계승전은 나라를 운영하는 행정에 큰 영향을 미쳤습니다. 세금 내기를 거부하는 사람들과 도적이 지방 곳곳에서 판을 치고 이제는 혈통보다 실력이 중요하게 됩니다. 지방 세력가는 이 틈을 이용하여 힘을 길렀어요. 이런 사람들이 왕건이나 후백제의 견훤 등을 지지하였고, 왕건은 자신을 따르는 사람들의 힘을 모아 왕조를 만들었어요. 그래서 왕건은 지방 세력가들의 힘을 인정하고, 그들이 다스렸던 땅이나 지역에 대해 스스로 통치하도록 했지요. 이 점이 중앙 집권적인 조선 왕조와 출발에서 차이가 납니다. 고려 왕조는 지방을 다스리는 일이 왕조 내내 문제가 됩니다.

"개방적인 사회이자 사상과 종교에서 자유로운 나라"

지방 세력가는 일부 신라 귀족뿐만 아니라 군 지휘관, 상업이나 농업으로 부유하게 된 사람, 도적 떼의 두목, 불교의 승려 등 다양한 출신이었어요. 그래서 개인의 능력을 인정하고, 귀족이 될 수 있는 사람도 크게 제한이 없었죠. 나중에는 핏줄이 중요해지긴 하지만, 그렇다고 귀족 신분에 대한 법적인 규정이 있지는 않았어요. 신라 왕조보다 개방적인 사회가 된 것입니다. 또한 고려 왕조는 주변 나라에 대해 조선보다 훨씬 개방적이었지요. 조선 왕조가 무역을 억제하려 했던 반면에 고려는 개방적이었던 것입니다.

고려 왕조는 한반도라는 위치 때문에 많은 갈등과 전쟁을 겪어야 했어요. 유목 민족이 중국 남쪽을 공격하려면, 대부분 먼저 고려 왕조를 쳐들어오게 됩니다. 고려 왕조가 중국 왕조와 연합해서 자신들의 배후를 공격하는 것을 막기 위해서입니다. 이 탓에 고려 왕조는 거란, 여진 등과 전쟁과 갈등을 겪어야 했어요. 몽골의 침략도 한반도라는 위치에서 온 결과물입니다. 그리고 고려 말에는 원에 반기를 든 홍건적과 일본 왜구의 침입을 겪어야 했어요. 이런 전쟁과 갈등 속에서 고려 왕조는 많은 시련을 겪어야 했지요. 그러면서 같은 민족이라는 의식도 성장하게 됩니다.

마지막으로 고려 왕조는 사상과 종교에서 자유로운 나라였어요. 조선 왕조가 유교를 중심으로 하여, 불교와 다른 사상을 억제하려 했던 것과 차이가 있지요. 고려 사람은 불교 신앙이 깊었어요. 국왕부터 노비까지 대부분이 불교를 믿었고, 이 때문에 나라의 스승인 '국사', 국왕의 스승인 '왕사'와 같은 자리가 있었어요. 불교 승려가 되는 일이 어렵지 않았고, 심지어 나라에서 승려만이 보는 과거 시험까지 있었답니다. 이 때문에 불교 행사와 토착 신앙에 바탕을 둔 팔관회 같은 행사가 국가적으로 이루어졌지요.

불교뿐만 아니라 도교도 꽤나 성행하여 도교 사원과 도사가 있었어요. 물론 유교도 발전을 하였고 땅에 대한 풍수지리설이나, 앞날의 길흉을 예언하는 도참 등도 많이 유행을 했어요. 이처럼 다양한 사상이 공존하던 시대가 바로 고려 시대입니다.

팔관회

삼국 시대에 시작되어 고려 시대에 국가 행사로 치러졌다. 해마다 음력 10월 15일은 서경에서, 11월 15일은 개경에서 토속 신에게 제사를 지내던 의식으로, 술과 다과, 놀이를 즐기고 나라와 왕실의 안녕을 빌었다. 송나라 상인이나 여진 및 탐라의 사절이 축하 선물을 바치고 무역을 크게 행하는 국제적 행사이기도 했다.

그래서 우리는 고려 왕조를 주목해야 합니다. 21세기 사회는 전 세계가 하나로 묶여 있고, 개방성과 다양성이 중요한데 고려 왕조는 우리 역사 속에서 이런 조건을 충족하는 시대입니다. 타인과 다른 사회의 문화적 가치를 존중하고, 다양성을 인정하는 고려 왕조의 역사를 공부해야 하는 이유가 여기에 있어요.

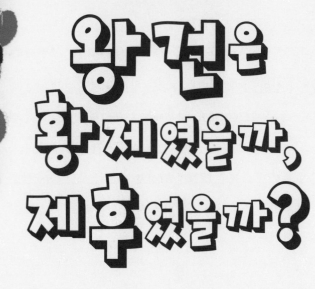

왕건은
황제였을까,
제후였을까?

황제는 무엇이고 제후는 무엇일까요? 황제란 천하를 다스리는 사람으로, 중국을 처음 통일한 진시황이 자신에게 붙인 칭호입니다. 제후는 황제가 임명하는 중국 주변의 나라를 다스리는 '왕'을 말해요. 그러면 고려 왕조를 세운 왕건은 황제였을까요, 제후였을까요?

고려 왕조는 중국 주변에 있으니까, 제후의 나라가 되어야겠지요. 제후는 황제에게 자신의 국왕 즉위를 알리고, 승인을 받아야 해요. 그런데 고려 왕조를 세운 왕건은 그렇지 않았어요. 왕건은 자신이 황제였음을 내세웠어요. 이를 알 수 있는 증거가 있습니다.

여러분은 왕건이 어떻게 생겼는지 아세요? 왕건의 제사를 지내기 위해 모셔 놓은 장소가 있는데, 경기도 연천에 있는 숭의전이란 곳이에요. 거기에 가면 왕건의 전체 모습을 그린 그림이 남아 있어요. 그런데 언제 그린 것인지 알 수 없기에, 왕건의 정확한 얼굴 모습인지는 잘 모르겠네요.

또 하나 왕건의 모습을 알 수 있는 유물이 있어요. 북한에 왕건의 청동 동상이 남아 있는데 1992년 왕건의 무덤을 발굴할 때 그 근처에서 나온 동상이에요. 처음에는 부처님하고 비슷하게 생겨서 왕건의 동상이 아닌 줄 알았어요. 하지만 연구를 해 보니 분명 왕건의 동상인데 세종 대왕의 지시로 자신의 무덤 옆에 묻힌 거예요. 세종은 유교에 입각한 정치를 하고 싶어 해서, 왕건의 동상에 제사를 지내는 일을 못하도록 한 것이죠.

왕건의 동상에는 그가 황제처럼 받들어졌다는 것을 알려 주는 부분이 있어요. 이 동상은 앉아 있는 모습인데 머리에는 관(모자처럼 쓰고 신분을 나타냄)을 쓰고, 팔은 앞으로 굽혀 두 손을 모아 쥐고 있지요. 가슴과 어깨는 넓고 허리는 잘록한 편이에요. 바로 이 동상이 쓴 관이 황제가 쓰는 통천관이에요. 제후가 쓰는 관은 원유관인데, 모양이 좀 달라요. 황제의 통천관은 위쪽에 갈라져 나온 선 모양의 부분이 원유관보다 많아요. 모두 24개로 확인이 되었죠.

왕건상에는 원래 색칠도 되어 있었는데, 땅속에서 오랜 세월 지나면서 지금은 다 벗겨지고 흔적만이 남아 있어요. 왕건상이 황제의 모습인 것은 이 동상을 만든 국왕 때문인지도 몰라요. 이 동상을 만든 국왕이 왕권을 강화하려 했던 제4대 광종이에요. 광종은 스스로 황제라고 불리기 원했고, 이 때문에 아버지인 왕건을 신성하고 높은 인물로 만들려 했어요.

왕건의 동상을 보면 그의 얼굴은 인자하고 원만하게 생겼어요. 특히 귀는 보통 사람들보다 크지요. 훌륭한 통치를 하는 사람은 백성들의 말을 잘 들어야 한다고 생각해서 왕건의 귀는 크게 만들어졌어요. 기록에는 왕건의 얼굴이 용의 모습이며, 턱이 풍만하고 이마가 넓었다고 하는데 동상은 이런 모습을 반영하였어요. 왕건은 어려서부터 총명하고 말소리는 우렁차고 성격은 너그럽고 후했다고 해요. 이런 득징이 당시 사람들이 생각했던 세상을 구할 리더의 모습이었죠.

"역사에서 배워야 할 것은?"

그런데 생각해 보아야 할 것이 있어요. 우리는 옛 조상님의 훌륭한 점을 본받아야 한다고 생각해요. 당연한 이야기이지요. 문제는 어떤 훌륭한 점을 배워야 하는가예요. 특히 과거 역사에서 조상의 위대함, 국가나 민족의 강대함 등에 너무 집착하는 경우가 있어요.

여러분은 고려 왕조가 황제국이면 힘세고 좋은 나라고 제후국이면 약하고 좋지 않은 나라라고 여겨지나요? 이런 생각은 국가나 민족의 위대성을 중요시하려는 것을 바탕에 깔고 있어요. 이를 '민족주의 역사관'이라고 부를 수 있어요. 물론 우리 민족을 중심으로 역사를 바라보는 것이 모두 틀렸다는 것은 아니에요. 한국은 20세기에 식민지를 경험하였고, 이 경험은 아직도 사회와 문화 곳곳에 영향을 주고 있어요. 그래서 우리 민족 중심의 역사관은 오랫동안 한국사를 바라보는 가장 중요한 생각의 틀이었지요. 이 역사관은 외세와의 대결과 극복이 핵심인데요, 요즘 글로벌 시대에도 오직 이 기준만으로 역사를 바라보는 것은 무리예요. 과거 황제국이었다고 해서 우리의 자존심이 회복되는 것은 아니잖아요. 보다 중요한 것은 우리가 살아야 할 현재에 필요한 역사적 교훈, 그리고 미래를 대비하는 지혜가 아닐까요?

3 왕건의
부인은 왜
29명일까
?

고려 왕조의 첫 번째 왕 왕건은 부인이 29명이었어요. 정말 너무 많지요? 조선 왕조의 세 번째 왕 태종도 부인이 15명이긴 했지만, 왕건과 비교하면 상대도 되지 않네요. 왕건의 부인은 왜 이렇게 많을까요? 왕건이 여성을 좋아해서 이렇게 많이 결혼을 했을까요?

왕건의 부인 29명은 기록으로 확인되는 수여서 이보다 많을 수 있어요. 그런데 29명의 여성이 모두 같은 지위를 갖는 것은 아니에요. 말하자면 살아 있을 때 왕비 내지 왕후라는 이름을 가진 분은 신혜 왕후 유씨입니다. 신혜 왕후는 왕건과 가장 먼저 결혼했을 뿐 아니라 국왕 즉위를 권유했던 인물이에요.

궁예가 통치하던 시절에 왕건의 집에 여러 장군들이 찾아왔어요. 이들은 궁예를 몰아내는 정변을 의논하러 온 것이에요. 하지만 이 논의가 밖으로 새면 곤란하기 때문인지, 신혜 왕후에게는 집 마당 채소밭에 새로 익은 오이가 있으면 따다 달라고 부탁을 했어요. 눈치가 빠른 왕후는 방에서 나왔다가 다른 문으로 몰래 들어가 숨었어요. 장군들은 왕건을 국왕으로 추대하겠다고 했지만 왕건은 얼굴이 빨개지면서 절대로 안 된다고 했어요. 이때 신혜 왕후가 휘장 뒤에서 나와 남편인 왕건에게 국왕이 되기를 권유하면서, 직접 갑옷을 가져다가 입혀 주었지요. 신혜 왕후는 정치적인 판단이 빨랐던 여성이었나 봐요.

왕건의 부인이 많았던 이유는 성치적인 것에서 찾습니다. 29명 부인들의 출신지를 따져 보면, 그 지역이 전국적으로 퍼져 있어요. 왕건이 고려 왕조의 첫 번째 왕이 되었을 때, 가장 큰 목표는 한반도를 통일하는 것이었어요. 통일 신라 후반기에 또다시 삼국이 경쟁하는 시대가 되었기 때문이지요.

통일 신라는 내부에서 귀족들의 분열과 왕위를 둘러싼 경쟁 등으로 점차 위기에 빠지기 시작했어요. 왕위를 차지하기 위해 무력을 사용하기도 하고, 귀족들이 땅을 넓히면서 나라에 세금을 내지 않기도 했죠. 이들의 경쟁 속에서, 지방에는 새로운 힘을 가진 사람들이 나타났어요. 이들은 중앙에서 밀려난 신라 귀족 출신뿐만 아니라, 지역에 파견된 군 지휘관, 지역 행정을 맡아 보던 촌주, 무역이나 상업으로 돈을 번 사람, 농사로 부유하게 된 사람 등이었어요. 그 밖에도 도적 떼의 두목, 불교의 승려 출신까지 다양하지만 능력 있는 사람들이 등장하던 시기예요.

지방 세력가들은 자신의 힘을 강화하기 위해 경쟁을 하였고 이 경쟁은 후삼국으로 이어졌어요. 하지만 후삼국의 국왕은 비록 왕이라고 해도 지방 세력가들이 다스리는 곳에는 힘을 뻗치기 어려웠지요. 그래서 지방 세력가들을 자신에게 끌어들이기 위해 여러 노력을 했어요.

"아하, 왕건은 정략결혼의 달인"

지방 세력가의 힘을 빌어 삼국을 통일하고자 한 왕건은 결혼 정책을 썼지요. 세력가의 딸과 결혼하여 자신의 편이 되도록 했어요. 일단 결혼을 하여 장인과 사위 관계가 되면 배신할 가능성이 적어지죠. 또한 지방 세력가의 입장에서는 왕이 자기의 사위이니까, 그 지역에서 자신의 사회적 지위가 높아 보여 좋았겠지요.

그렇다고 왕건의 결혼이 모두 정치적인 이유만으로 이루어진 건 아니에요. 장화 왕후 오씨가 그런 경우입니다. 장화 왕후는 전라도 나주 출신인데, 집안은 목포에 자리 잡고 있었어요. 어느 날 오씨가 용이 포구에서 와 자신의 배 속에 들어가는 꿈을 꾸었어요. 용은 국왕을 상징하는 상상의 동물이지요.

왕건이 해군 장군으로 목포에 왔다가 시냇물 위에 오색구름이 떠 있는 것을 보았어요. 그곳에 가 보니 오씨가 빨래를 하고 있었어요. 목이 마른 왕건은 오씨에게 물 한 그릇을 청하였고, 체할까 봐 버드나무 잎을 띄워 물을 건넨 오씨에게 반해 청혼을 했다고 해요. 오씨는 아이를 갖게 되었고 이 아이가 나중에 두 번째 국왕이 된 혜종인데, 얼굴에 돗자리 무늬가 있다고 해서 '주름살 임금'이라는 별명이 붙었어요.

왕건은 혜종에게 왕위를 물려주려 했지만, 엄마 쪽의 가문이

미천해서 염려를 했어요. 그래서 자신의 옷이 든 상자를 오씨에게 주었고, 오씨는 이를 왕건을 도와 큰 공을 세운 최측근 박술희에게 보냈어요. 박술희는 왕건의 후계자 계승 의도를 알아보고, 혜종의 보호자 노릇을 잘해서 혜종이 무사히 왕위에 오를 수 있었답니다.

이렇게 왕건은 각 지방 세력가와 결혼을 했고, 이들은 자신의 외손자가 왕위에 오르길 바랐죠. 이 때문에 혜종은 국왕이 되어서도 암살을 당할까 봐 불안해했고, 2년도 왕위에 있지 못하고 병으로 사망했어요. 그리고 다음 국왕인 정종도 비슷한 일을 겪어야 했죠. 29명의 부인은 통일에 도움이 되었지만, 그에 따른 왕위 계승 쟁탈전이란 후유증까지 막을 수는 없었어요. 세상의 모든 일은 이렇게 긍정적인 것과 부정적인 측면이 항상 같이 있어요. 시간의 흐름에 따라 긍정성과 부정성은 서로 바뀌어 갑니다.

4

도선이 왕건의
스승이었을까?

도선은 신라 말에 전라도 영암에서 태어난 것으로 알려져 있어요. 도선은 당나라에서 들여온 풍수지리 이론을 공부했지요. 도선이 썼다고 하는 『도선비기』는 당시 유명했던 풍수지리 이론에 대한 책인데, 지금은 남아 있지 않아요. 그런데 도선이 왕건의 스승이었다는 이야기가 전해져요. 과연 믿을 수 있을까요?

 **풍수지리란 쉽게** 말해서 땅은 살아 있고, 그 속에 기운이 흘러 다닌다는 이론입니다. 땅의 기운이 그곳의 사람에게 영향을 미치는데 이런 땅의 기운이 잘 모이는 곳이 있고, 그렇지 못한 장소도 있어요. 기운이 모이는 곳을 잘 찾으면 그곳에 사는 사람에게 복을 주고, 만약 그런 곳에 궁궐을 지으면 왕조의 운명이 번창한다는 것이지요.

무덤의 경우도 마찬가지입니다. 좋은 곳에 무덤을 쓰면 후손이 복을 받게 되죠. 왜냐하면 무덤에 묻힌 사람과 땅의 기운이 만나 핏줄을 이어받은 후손에게까지 영향을 주기 때문이에요. 그러니까 풍수지리는 땅의 기운이 좋거나 나쁜 곳을 찾아내는 이론입니다.

풍수지리를 공부한 도선은 통일 신라 말에 태조 왕건의 아버지를 만났어요. 왕건의 아버지는 꿈속에서 본 미인과 똑같이 생긴 사람을 만나 결혼을 했어요. 두 사람은 송악산 기슭에 살다가 다시 근처에 새 집을 짓고 있었는데, 어느 날 도선이 이곳을 지나게 됩니다. 그는 "기장을 심을 터에 어찌 삼을 심었는가?"라는 말을 흘리고는 가 버려요. 진짜 알쏭달쏭한 이야기이죠? 기장은 벼와 비슷하게 생겼는데 떡, 술, 엿 등을 만드는 데 쓰이고, 삼은 삼베나 줄 등을 만들 때 쓰이지만 먹지는 못해요. 그냥 암호와 같다고 생각하면 좋겠네요.

마침 부인이 그 말을 듣고 남편에게 이야기하니까, 신발도 제대로 신지 못하고 쫓아갑니다. 도선을 집에 모신 후에 이야기를 들어 보니, 집을 북쪽으로 옮겨 지으면 다음 해에 슬기로운 아들을 낳을 것이라고 해요. 그리고 이름을 '왕건'이라고 지으라고 하며, 이 아들이 후삼국을 통일할 것이라는 예언까지 덧붙이지요.

이후 도선은 왕건이 열일곱 살이 되었을 때 다시 와서 군대를 지휘하는 법, 유리한 지형과 적당한 때를 알아내는 법 등을 가르쳤다고 해요. 말하자면 도선은 왕건의 스승인 셈이지요.

"고려 왕실은 풍수지리를 신봉했어"

하지만 이런 이야기는 만들어진 것입니다. 도선과 왕건이 활동하던 시대는 약간 차이가 있어요. 왕건이 왜 삼국을 통일할 수 있는지에 대한 고려 왕실의 합리화일 뿐이죠. 도선의 권위가 컸기 때문에, 사람들에게 도선의 예언이라고 하면 효과가 좋을 수밖에 없어요.

왕건은 죽기 진에 후손들에게 10가지 가르침을 남겨 줍니다. 흔히 '훈요 10조'라고 불리지요. 그 가운데 두 번째 이야기가 모든 사원은 도선의 풍수지리에 따라 좋고 나쁜 것을 가려서 만들었으니 그 외에 함부로 짓지 말라고 하였어요. 왜냐하면 왕건은 통일 신라 말 사원들이 크게 늘어나, 땅의 기운을 해쳐 나라가 망했다고 보았거든요. 왕건은 도선의 풍수지리를 이렇게 이용했는데 물론 본인이 풍수지리를 진짜로 믿었는지는 알 수 없어요.

도선은 수수께끼와 같은 인물입니다. 책도 남아 있지 않고, 생애도 잘 알려져 있지 않아요. 책의 일부 내용만 전하지만, 그의 영향력은 조선 시대까지 계속됩니다. 풍수지리는 고려 왕조 동안 이를 맡는 공무원을 선발할 정도로 중요시되었어요. 주로 궁궐이나 집을 지을 때 풍수지리를 이용했지요. 특히 수도를 옮기자는 이야기를 할 때에는 언제나 풍수지리가 등장합니다. 그만큼 영향력이 있는 생각인데, 그 이유는 사람들의 미래에 복을 준다는 것 때문이죠. 누구나 미래는 알 수 없어요. 미래에 잘살고 싶어 하는 인간의 욕망이 없어지지 않는 한, 풍수지리설은 없어지지 않겠지요.

5

고려 왕조가
평양을 우대한
이유는?

'평양'은 평평하고 좋은 땅이란 뜻을 가진 지명입니다. 평양은 옛날 고구려의 수도였는데 태조 왕건이 후삼국을 통일할 무렵에는 이곳에 도시가 아예 자취를 감추었지요. 백제의 수도였던 부여와 마찬가지로 평양도 역사 속으로 사라진 것입니다. 그런데 고려 왕조는 평양을 우대했다고 하네요. 그 이유는 무엇일까요?

 태조 왕건은 고려 왕조를 세우자마자 평양을 신도시로 재개발할 것을 명령합니다. 그는 이곳이 황폐하게 되어 국경 근처에 사는 사람들의 사냥터가 되었다는 점을 지적합니다. 여진인 등이 들락거려 국경의 방어가 힘들기에, 다시 성을 쌓고 백성들을 이곳에 옮기도록 하지요.

왕건은 평양의 가치를 잘 이해하고 있었어요. 왕건은 나라 이름을 고려라고 했는데 고구려를 계승했다는 뜻이죠. 왕건은 궁예를 내쫓고 국왕이 되었을 때, 황해도와 경기도, 강원도 지역이 영토의 중심이었어요. 또한 당시 후백제와 신라가 있었기 때문에, 나라 이름은 그와 대비되는 고구려를 선택했을 거예요. 따라서 고

평양

고려 시대에는 개경, 즉 지금의 경기도 개성이 수도였다. 그런데 개경과 같은 도시가 고려에는 또 있었다. 바로 평양과 경주이다. 평양과 경주는 옛날 고구려와 신라의 수도였는데, 고려 왕조는 이전의 수도였던 곳을 또 다른 서울이라고 했다. 그래서 평양은 서쪽 수도인 '서경', 경주는 동쪽 수도인 '동경'이라 이름을 붙였다. 개경, 서경, 동경을 세 개의 서울이라는 뜻의 '삼경'이라고 했다.

구려를 이은 나라가 과거 수도였던 지역을 소홀하게 둘 수는 없었을 것입니다.

"옛 수도를 황폐해지게 버려 둘 수는 없어"

여러분은 고구려와 고려가 글자가 다르지 않느냐고 물을 수도 있습니다. 그런데 중국에서는 삼국 시대 때 고구려를 주로 고려라고 불렀어요. 우리는 『삼국사기』에서 이를 구분하기 위해 각각 고구려, 고려라고 쓴 이후로 이를 따르고 있죠.

태조 왕건은 평양이 국방에서 지닌 값어치도 잘 알고 있었어요. 그는 평양을 국경의 배후 도시로 개발할 의도를 갖고 있었지요. 국경을 지키기 위해서는 군인뿐만 아니라 보급할 물자가 필요한데 평양을 이를 담당할 도시로 만들려 한 것입니다. 또한 물자가 오가면서 생기는 경제적 이익을 취하려고 평양을 왕실과 밀착된 도시로 만들려 했죠.

고려는 내내 평양을 계속 중요하게 대우했어요. 그래서 고위 관료를 이곳에 보내고, 학교도 다른 곳보다 먼저 만들었지요. 학교를 만들었다는 것은 평양에서 일하는 관료를 양성하려 한 것이고, 평양을 독립적이고 자치적으로 운영하겠다는 뜻이에요.

그뿐이 아닙니다. 왕건은 훈요 10조에서 국왕은 1년에 100일을 평양에 머물라고 해요. 평양은 풍수지리상 중요한 곳이기 때문에 국왕이 이곳에 머물러야만 왕조의 수명이 오래간다고 여겼거든요. 혹 100일을 머물지 못하면, 국왕은 자신의 옷이라도 그곳에 두도록 하였죠.

이런 대우 덕분에 평양은 고려 중기까지 매우 번성했어요. 평양 출신 시인이자 관료인 정지상은 이곳에 대해 "호화로운 거리 봄바람에 가랑비 지나가니, 먼지 한 점 일지 않고, 버들가지 줄줄이 늘어졌네."라고 시를 지었어요.

이처럼 번성하던 평양도 이곳 출신이던 승려 묘청이 반란을 일으킨 이후부터 점차 쇠락하게 됩니다. 그래서 고려 후기에는 인구도 크게 줄고, 수도로 대우받지 못하게 됩니다.

우리가 평양에 쉽게 가 볼 수 있는 날이 올까요? 옛 도시의 모습은 현재 없겠지만, 평양은 이렇게 유서 깊은 역사 도시랍니다.

광종은
어떻게 왕권을
강화했을까?

광종은 고려의 네 번째 왕인데 태조 왕건의 아들입니다. 이상하지 않나요? 보통 왕의 아들이 다음 왕이 되니까 광종은 왕건의 증손자 정도여야 합니다. 하지만 그는 왕건의 아들이고, 왕권을 강화한 왕으로 유명합니다. 광종은 어떻게 왕권을 강하게 만들었을까요?

 왕건은 왕조를 세운 만큼 카리스마가 넘치는 국왕이었어요. 그렇지만 왕건은 매일 살얼음판을 걷는 기분으로 정치를 해야 했을 것입니다. 힘이 센 지방 세력가 출신이면서 나라에 공을 세운 신하들의 눈치를 보아야 했기 때문입니다.

왕건은 29명의 지방 세력가의 딸과 결혼했는데, 이 중에 아들을 낳은 왕비들이 생겼어요. 왕건은 장인들이 자신의 손자를 왕위에 앉히고 싶어 치열한 싸움을 벌일 거라고는 예상하지 못했을 거예요. 왕건은 첫째 아들에게 왕위를 물려주었는데 이 왕이 혜종입니다.

하지만 혜종은 왕의 자리에서 2년도 못 채우고 죽게 됩니다. 혜종이 왕위에 있을 때 왕규가 자신의 외손자를 왕으로 만들려고 부하를 시켜 혜종을 암살하려고 했어요. 그런데 무술 실력이 뛰어났던 혜종은 침실에 숨어든 괴한을 맨손으로 제압했어요. 혜종은 왕규의 짓인 것을 알면서도 이를 문제 삼지 않았어요. 그만큼 국왕이 힘이 없었다는 뜻이죠. 그래서 혜종이 일찍 병으로 죽었는지도 모릅니다.

결국 세 번째 국왕은 어머니가 다른 동생이 왕위에 오릅니다. 그가 정종으로, 불교를 좋아하고 평소 겁이 좀 많은 스타일이었어요. 이 때문인지 정종 역시 4년 만에 죽게 됩니다. 어느 날 정종이 궁궐에서 토산물을 받으려 하는데 벼락이 떨어지는 바람에 토산물을 바치던 사람이 죽었어요. 정종이 이를 보고 몹시 놀라 병이 생겼고, 사망에 이르게 됩니다.

이어서 왕이 된 사람이 정종의 동생인 광종입니다. 광종은 왕이 되면서 생각했을 것입니다. 반란을 일으키려고 호시탐탐 노리는 세력들을 숙청하고 왕권을 강화하겠다고요. 광종의 꿈은 중국과 같은 제국처럼 고려 왕조를 운영하는 것이었어요. 물론 국왕이 강한 힘을 가지고 그 중심에 있으려 했던 것이죠. 광종은 독자적인 연호를 쓰면서도 중국과 외교 관계를 충실히 하여 자신의 권위를 인정받도록 노력하였어요.

중국과 사신을 보내고 받는 가운데, 고려에 온 쌍기란 사람이 마침 병이 났어요. 광종은 치료를 위해 고려에 머물던 쌍기와 인터뷰를 하고 나서 바로 고려의 관리로 채용을 합니다. 쌍기가 맡은 일은 주로 문장과 관련된 업무였어요. 그런데 파격적으로 임명했기 때문에 고려의 다른 관리들은 불만이 많았지요. 그래도 광종은 특별 대우를 하며 큰 집까지 따로 마련해 주었습니다.

"과거 제도와 노비안검법으로
세력가의 힘을 빼자"

쌍기가 건의한 것이 바로 광종이 시행한 첫 번째 중요한 정책인 과거 시험입니다. 우리 역사상에서 처음 시험을 통해 인재를 선발하는 과거가 시작된 것이죠. 광종은 이를 통해 힘이 강한 세력가의 아들을 뽑지 않고 자신을 위해 일할 인재를 뽑을 수 있었어요.

두 번째로 중요한 정책이 노비안검법입니다. 말이 좀 어려운데 억울하게 노비가 된 사람을 판정해서 구제한다는 법입니다. 신라 말부터 사회가 혼란해지자, 노비가 많이 생겼어요. 그중에는 가난 때문에 어쩔 수 없이 노비가 된 사람부터, 힘이 센 세력가가 억지로 노비로 만든 경우까지 다양했지요. 이 노비가 세력가들 힘의 원천입니다. 왜냐하면 노비는 땅을 경작하고, 그 수확물을 바치는 일부터 시작해서, 일부는 세력가의 명령을 듣는 군인이 되었기 때문입니다. 광종은 억울하게 노비가 된 사람들에게 이를 호소하라고 명령을 내립니다. 그러자 많은 노비가 해방되겠다고 나섰지요. 세력가의 힘이 약해지면 상대적으로 왕의 권력이 강해집니다.

광종은 왕이 된 지 11년이 되는 해부터 본격적으로 세력가들을 숙청합니다. 역모로 고발된 고위직을 귀양 보내면서, 이후 고발이 크게 늘었죠. 이 때문에 감옥이 꽉 차서 임시 감옥까지 만들

정도였어요. 공포 정치가 시작되어 무려 15년 동안 지속되면서 광종은 자신의 신변의 위협을 크게 느끼고, 자신을 보호하기 위해 경호 부대까지 크게 늘렸답니다. 나중에는 자신의 외아들까지 의심할 정도였어요.

광종의 왕권 강화는 이렇게 이루어졌어요. 공포 정치는 좋은 것이 아닙니다. 그럼에도 광종은 왕권을 우위에 올려놓았고, 덕분에 이후 고려 국왕은 제도 정비를 보다 손쉽게 하게 됩니다.

관복 제정

광종의 업적 중 하나는 관복 제정이다. 그때까지 예복이 따로 없어, 임금보다 더 화려한 옷을 걸치고 궁궐에 들어오는 신하들도 있었다. 몹시 기분이 상한 광종은 백관들의 예복을 네 가지로 정했다. 보라색, 붉은색, 연두색, 자주색 소매 옷으로 정하고 등급에 따라 관복을 입도록 했다. 과거제와 노비안검법 실시로 왕권이 강화되면서 호족들의 반발을 꺾고 관복을 제정할 수 있었던 것이다.

유교를 정치 이념으로!
시무 28조

982년

지방관을 파견하라!
12목 설치

983년

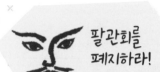

팔관회를 폐지하라!

987년

소손녕과 담판한 서희

993년

2장

고려는 나라를 어떻게 운영하였을까?

7

최승로가
나라에 건의한
내용은?

고려 왕조가 만들어진 지 벌써 60여 년이 흘렀습니다. 6번째 국왕으로 성종이 왕위에 올랐어요. 성종은 신하들에게 건의할 내용이 있으면 상소를 올리라고 했지요. 성종이 직접 검토하여 채택한 상소문이 바로 최승로가 올린 28개 조항의 글입니다. 과연 최승로는 왕에게 무슨 내용을 건의했을까요?

 최승로는 고려 왕조가 만들어진 918년보다 9년 뒤에 경주에서 태어났어요. 이때는 아직 후삼국이 통일되지 않은 혼란스러운 시기였지요. 최승로가 태어난 지 석 달도 되지 않아 후백제의 견훤이 경주를 습격하였어요. 아버지 최은함은 아기를 안고 절에 갔어요. 그는 부처님에게 아기를 보호해 달라고 빌고, 관음보살 아래에 아기를 감추어 두고 떠났죠. 속마음은 엄청나게 아팠겠지만, 아기까지 데리고 피난 가지 못할 상황이었던 모양입니다. 반달이 지나서 돌아와 보니 아기는 살결이 목욕한 것 같았고, 젖 냄새까지 남아 있었다고 해요. 이후 아기를 데려와 기르니까, 총명하고 슬기롭게 컸다는 이야기입니다.

최승로는 공부를 잘했던 모양입니다. 12세에 태조 왕건을 만났는데, 왕건은 최승로에게 『논어』를 읽어 보게 한 후에 감탄을 합니다. 왕건은 국가 장학생으로 최승로를 선발했어요. 무엇보다 최승로는 당시에 최고 대우를 받던 당나라 유학생이 아니라는 점도 눈에 띕니다. 유학생 출신이 아니라서 그런지, 최승로는 중국

문화를 받아들이는 것에 대해 비판적이었어요.

그러면 최승로가 올린 상소문에는 어떤 내용이 들어가 있을까요? 그의 상소문은 굉장히 내용이 많은데요, 크게는 두 부분으로 나누어집니다. 첫 번째는 태조 왕건부터 5번째 국왕인 경종까지 각 왕에 대한 비평입니다. 일종의 고려 왕조 초반기의 역사라고 할 수 있습니다. 두 번째는 성종대에 이루어져야 할 정치 개혁에 대한 자신의 견해를 밝힌 것입니다.

지금도 그렇지만 무언가를 새롭게 바꾸려 할 때, 앞선 역사를 끄집어내기도 합니다. 잘못된 정치나 정책, 법 등을 찾아내고 평가를 내리기 위해서입니다. 이 평가를 바탕으로 새로운 개혁을 제시하게 마련입니다.

"왕권과 신권의 조화가
중요해"

성종이 즉위하기 전까지 5명의 왕이 있었습니다. 그중에서 왕건은 왕조를 연 국왕이기 때문에 주로 좋은 평가를 받습니다. 최승로가 가장 비판한 국왕은 바로 광종입니다. 광종은 과거제, 노비안검법 등을 만들면서 왕권을 강하게 한 왕이지요. 최승로는 특히 과거제를 건의한 쌍기를 너무 우대하여, 중국인이 많이 귀화했다고 비판했어요. 이 비판은 외국인이 한국에 많이 정착하고 있는 21세기에 맞지 않는다고 느낄 것입니다. 최승로의 비판 이유는 쌍기 등에게 대우를 좋게 해 주느라고 국가 재정을 낭비하고, 또한 광종의 지나친 왕권 강화책에 원인을 제공했다는 것에서 찾고 있습니다.

특히 최승로는 왕이 독재적으로 권력을 강화하는 것을 크게 비판했어요. 정치는 국왕과 신하 간에 서로 의견을 주고받으면서 이루어져야 한다고 보았기 때문입니다. 그래서 광종이 경호 부대를 크게 키운 것까지 좋지 않다고 보았어요.

또 국가적인 불교 행사에 대해서도 비판했습니다. 고려에서는 불교 행사로 연등회를 열었어요. 그리고 나라와 왕실의 안녕을 비는 팔관회도 매해 열었지요. 최승로는 이런 행사가 백성을 동원하여 피해를 주기 때문에 줄여야 한다고 했습니다. 성종은 그의 건의를 받아들여 아예 연등회와 팔관회를 폐지합니다.

최승로는 불교를 없애자고 하지는 않았어요. 불교는 개인 수양에 필요한 것이고, 유교는 국가를 다스리는 데 중요하다고 하여, 그 역할을 나누었죠. 다만 불교의 폐단으로 사찰을 함부로 짓거나, 승려가 궁궐에 출입하는 등의 문제를 지적하였어요.

성종의 제도 정비

성종은 유학에 밝고 인품이 뛰어났으며 개방적인 인물이었다. 22세의 젊은 국왕 성종은 당시 56세였던 최승로의 건의를 받아들여 유교 정치 이념을 제도적으로 구체화하였다. 중앙 정치 기구를 2성 6부 체제로 개편하였고, 지방에 12목을 설치하고 지방관을 파견하는 등 통치 제도를 정비하였다.

특히 최승로가 긴의한 것 중에 중요한 것은 지방관을 파견해야 한다는 것입니다. 성종은 이 건의에 따라 지방에 새로운 행정 구역인 12목을 설치하고, 정식 지방관을 처음 파견합니다. 이처럼 최승로의 건의는 성종에 의해 채택되어 국가를 운영하는 방식에 큰 영향을 끼칩니다. 이것은 성종대만이 아니라, 이후 고려 왕조 기간 동안 계속해서 영향을 주었답니다.

8

성종은 왜
이혼한 남성에게
표창을 줬을까?

990년 성종은 자신의 뜻을 알리는 글을 발표했어요. 그런데 그 가운데 차달이라는 사람을 표창한다는 내용이 있었죠. 차달은 성이 없고 이름만 있어서 일반 백성임이 분명한데 이혼을 했는데도 상을 내린다고 했어요. 성종은 왜 이혼한 사람에게 상을 내렸을까요?

 국왕이 자신의 뜻을 알리는 것을 '교지'라고 합니다. 성종이 발표한 교지에서 나라를 다스릴 때는 근본이 중요한데 근본이 되는 것이 효도라고 했어요. 이 효도라는 것은 단순히 부모님에 대한 도리만을 말하지 않아요. 가족 간의 우애와 질서, 그리고 가족의 유지가 여기에 포함이 됩니다. 예를 들어 남편이 일찍 죽었을 때 부인이 다시 결혼하지 않고 절개를 지키는 일, 손자가 할아버지를 잘 봉양하는 것 등이 모두 효도와 관련이 됩니다.

그런데 이혼한 차달에게 표창을 준 것이 이상하지요. 이유는 이렇습니다. 차달은 전라도 운제라는 곳에 살던 백성인데, 결혼을 해서 두 명의 동생과 같이 어머니를 모시고 살았어요. 그런데 부인이 자기 어머니에게 잘하지 않으니까, 어머니를 잘 모시겠다고 이혼을 한 거예요. 그러자 두 명의 동생도 결혼을 하지 않고 같이 어머니를 잘 모셨답니다.

"효자가 있어야
충신도 생기지"

성종은 집안에 효자가 나와야 충성스러운 신하가 생긴다고 보았어요. 그래서 이때 차달뿐 아니라 손순흥, 박광렴, 함부, 자이, 최씨 부인 등 여러 사람에게 표창을 내렸지요.

손순흥은 어머니가 병으로 돌아가시자, 초상화를 그려 놓고 제사를 받들었어요. 그뿐 아니라 사흘에 한 번씩 무덤에 찾아가 음식을 올려, 살아 계실 때처럼 하였답니다. 박광렴의 경우는 좀 독특합니다. 어머니가 돌아가신 지 7일째 되는 날에 마른 나무를 우연히 보았대요. 그런데 이 나무가 어머니 모습과 닮았다고 집에 짊어지고 와서 예의를 다해 봉양했다는 거예요. 무언가 효도라고 하기에는 지나친 느낌이 들지요.

함부는 남해 작은 섬에 살던 능선이란 백성의 딸입니다. 능선이 독사에게 물려 세상을 떠난 후에 함부는 침실에서 장례를 지냈는데, 무려 5개월 동안 모셔 놓고 음식을 살아 있을 때처럼 올렸다는 것입니다. 그 외 자이와 최씨 부인은 남편이 죽었는데도 다시 결혼하지 않고, 시부모를 잘 모셨다고 하네요.

고려 왕조에서 효에 대해 표창을 내린 것은 성종 때가 처음입니다. 성종은 유교가 국가를 다스리는 데 중심이 되는 생각이어야 한다고 보았어요. 유교에서 가장 중요하게 생각하는 것이 바로 효도와 충성입니다. 이 두 개의 도리가 세상에 널리 퍼지고 사람들이 실천할수록 좋은 사회가 된다고 보았지요. 성종은 신하를 전국에 내려 보내 모범이 될 만한 백성을 찾았어요. 그래서 앞에서 말한 사람들이 추천되어 상을 받은 거예요.

고려 왕조에서 불교가 신앙으로 중요했지만, 나라를 통치하는 사람들은 효도와 충성을 높게 평가했어요. 표창을 하는 것은 상만으로 그치는 것이 아닙니다. 우선 작은 문 위에 이름을 새긴 간판을 단 정려문을 그 집 앞에 세워 줍니다. 이 집안에 효자나 절개 있는 부인 등이 살고 있다는 명예를 주는 겁니다.

그런데 명예만 주어서는 좀 그렇지요. 남성의 경우에는 벼슬을 주기도 합니다. 물론 실제 벼슬이라기보다 명예직이긴 하지만 그래도 관리가 된다는 점에서 의미가 있죠. 또 세금이나 요역(나라의 공사에 가서 일을 하는 것)을 면제해 주고 상금으로 옷감이나 쌀을 주기도 합니다. 나중에는 궁궐에 불러서 잔치를 벌여 주기도 했지요.

이 정도라면 많은 혜택을 주는 셈입니다. 그만큼 효도를 중요하게 보았다는 뜻이지요. 때로는 효자가 나온 마을이라고 해서 '효자리'라고 이름을 고쳐 줍니다. 마을 전체가 세금에서 혜택을 보기 때문에 효과가 있었을 거예요.

그래서 효자의 사례 중에 좀 무리한 경우도 생깁니다. 예를 들어 부모가 돌아가시려 할 때 손가락을 잘라 피를 먹여 다시 살렸다거나, 아니면 허벅지 살을 베어 내어 끓여 드렸다는 경우입니다. 고려 말 유학자들도 이런 경우는 오히려 자신의 신체를 손상시키는 일이라서 효에 어긋난다고 생각했어요. 무조건적인 효가 아니라, 가능한 효도를 하는 것이 중요하다는 것으로 생각이 바뀐 것입니다. 이렇게 윤리도 시간이 지나면 실천 방법이 달라집니다.

9

거란의 소손녕이
서희에게 땅을
양보한 까닭은?

서희는 우리 역사상 가장 유능했던 외교관으로 알려져 있어요. 993년 10월 거란의 1차 침입 때, 적장 소손녕과 담판을 벌여 거란군을 철수시키고, 강동 6주를 획득하였지요. 그런데 소손녕은 왜 서희에게 땅을 양보했을까요?

거란과 고려와의 관계는 942년 처음 시작됩니다. 거란에서 온 30여 명의 사절단이 고려 개경에 도착합니다. 이들은 예물로 낙타 50마리를 가져왔어요. 그런데 태조 왕건은 거란과 국교 맺기를 거절하고, 사절단을 섬으로 유배를 보냈지요. 가져온 낙타는 만부교란 다리 아래 묶어서 굶어 죽게 만듭니다. 두 나라는 출발부터 적대적인 관계가 되었답니다.

태조 왕건이 잔인해서 그랬을까요, 아니면 거란이 우리 민족의 나라인 발해를 멸망시켰기 때문일까요? 왕건은 후자를 명분으로 삼았어요. 그 이유는 발해 유민인 대광현이 수만 명의 무리를 이끌고 고려를 도왔기 때문입니다.

발해 유민의 망명은 후백제와 경쟁하던 고려에 큰 힘이 되었어요. 타고난 정치가였던 왕건은 거란과의 수교가 가져올 국내 문제를 잘 이해하고 있었지요. 만약 거란과 수교했다면 발해 유민의 정치적 반발을 샀을 것입니다.

하지만 태조 왕건 이후에는 거란에 대한 태도가 좀 바뀌어야 했습니다. 비록 거란의 침입에 대비한다고 군대 조직을 정비하긴 했지만, 고려 성부는 거란의 동향에 대해 크게 신경을 쓰지 않았습니다. 반면에 거란은 처음부터 고려를 침략할 생각을 했죠. 그래서 먼저 압록강 주변의 여진족을 몰아내고, 의주에 성을 쌓았어요. 당시에는 압록강 일대가 아직 고려의 영토가 아니던 때로, 거란은 고려 침략의 교두보를 마련해 나갔던 거죠.

수년 간 준비를 끝낸 거란은 993년 드디어 군대를 출발시켰습니다. 거란군의 지휘관은 당시 동경유수 소손녕이었어요. 고려는 이미 3개월 전에 여진족이 알려 준 거란의 침략 정보를 무시했지요. 적어도 이런 정보는 확인을 해 보아야 하는데, 여진이 거란과 고려를 이간시키려고 술책을 부리는 거라고 판단한 것입니다.

거란군이 침략을 하자, 고려 정부는 상·중·하군으로 구성된 3개의 군대를 북쪽으로 출발시켰어요. 두 나라 군대는 평안도 봉산성에서 처음 맞닥뜨렸는데, 고려군은 여기서 크게 패합니다.

고려의 성종은 서경(평양)에서 대책 회의를 엽니다. 회의 주제는 어떻게 싸우느냐는 문제가 아니라, 어떤 방식으로 항복할 것인가입니다. 봉산성에서 승리한 소손녕이 "80만 대군을 이끌고 왔으니 만약 강을 건너 항복하지 않으면 모두 없애 버릴 것이다. 임금과 신하는 빨리 내 앞에 와서 항복하라."고 엄포를 놓았던 것입니다.

공포에 사로잡힌 고려 신하들은 항복 방식에 대해 두 가지 의견을 냈습니다. 무조건 항복하자는 것과 그러지 말고 절령 이북의 땅을 떼어 주고 화해하자는 방안입니다. 절령은 황해도에 있는 자비령이란 고개인데, 경기도와 황해도의 경계에 있습니다. 그리고 이곳은 개경과도 가까운 곳입니다.

한참 논의를 한 끝에 땅을 떼어 주고 거란과 강화하자는 쪽으로 결론을 내렸어요. 이렇게 되면 사실상 고려 왕조는 망하는 것과 다를 바 없습니다. 왜냐하면 수도 가까운 곳까지 거란 영토가 되면 수도를 옮겨야 합니다. 그러면 이후 커다란 혼란이 벌어지겠지요. 더구나 그 작은 영역에서 언제까지 버틸 수 있을까요?

"거란은 고려와 국교를 맺고 싶었을 뿐"

이때 나선 것이 서희입니다. 서희는 소손녕이 큰 소리로 협박했을 때 뭔가 이상하다고 생각했어요. 80만 대군인데, 전투에서 한 번 이긴 후 더 이상 남쪽으로 내려오지 않는다는 점입니다. 거란군이 무슨 이유 때문인지 전투를 회피하고 있다는 증거라고 서희는 보았어요.

거란군은 고려 영역에 들어온 이후에 군대의 보급이 어려운 문제에 직면해 있었어요. 전쟁에서 무기나 군인의 수 이상으로 중요한 것이 보급입니다. 더구나 소손녕은 청천강 남쪽의 안융진을 공격했는데, 이것이 나쁜 수가 되었어요. 안융진은 발해 유민을 이끌고 고려에 투항한 발해 세자 대광현의 아들이 지키던 곳입니다. 거란군은 안융진에서 크게 패해 이제 소극적인 전술만이 남게 되었죠.

서희는 고려의 사신으로 적진 속으로 들어가 소손녕과 담판하게 됩니다. 소손녕은 옛 고구려의 땅이 자신들의 것인데, 고려가 침범했다고 합니다. 하지만 서희는 고려는 고구려의 후손으로 거란 땅도 고려 땅이라고 반박합니다. 특히 중요한 논점은 소손녕이 꺼낸 고려와 송과의 친선 관계입니다. 서희는 거란과 외교를 하고 싶어도 압록강 유역의 여진이 방해를 했다고 둘러대며 송과도 관계를 끊을 것을 약속합니다.

결론은 쉽게 났습니다. 양국의 외교를 위해 거란이 압록강 일대의 땅을 고려에게 넘겨준다는 것입니다. 사실 소손녕의 임무는 고려의 점령이 아니라, 국교를 이루는 것인데 서희는 이 목적을 잘 파악했죠. 이것이 단순히 지혜의 힘이나 말발의 힘만이 아닐 것입니다. 평소 쌓아 온 정보와 상대방 요구에 대한 분석과 결정력이 이런 외교의 결과를 낳았지요. 서희는 이 담판으로 인해 지금까지 가장 훌륭한 외교관으로 평가받습니다.

10

향리가 국왕에게 큰소리를 쳤다고?

1010년 고려의 8번째 왕인 현종은 평안도 지역 사령관이던 강조의 정변으로 왕위에 오를 수 있었어요. 거란은 이를 트집 잡아 고려를 또다시 침략했는데, 이것이 거란의 2차 침입입니다. 강조가 패배하자 현종은 수도인 개경을 버리고 남쪽으로 피난을 갑니다. 그런데 피난 온 국왕에게 향리가 화를 냈다고 하네요. 이게 도대체 무슨 일일까요?

거란이 쳐들어오자 개경을 버리고 피난을 떠난 현종은 오후 4시경에 경기도 양주에 도착했어요. 이때 이곳에서 행정을 맡던 향리가 왕 앞에 나타났어요. 당연히 왕에게 인사를 드리고 안내를 해야 했던 향리가 이렇게 말합니다. "국왕은 나의 이름과 얼굴을 아시겠습니까?" 현종은 짐짓 듣지 못한 척합니다. 향리는 화를 내면서 하공진이란 신하가 군사를 데리고 온다고 크게 외칩니다. 그 사람이 왜 오냐고 묻자, 향리는 국왕의 측근 신하들을 잡으러 온다고 답합니다. 그러자 국왕을 따라온 신하나 환관, 궁녀들이 모두 도망을 쳤지요. 그냥 있다가 죽을 수 있다고 생각했기 때문입니다. 향리는 반란을 일으키려고 거짓말을 꾸며 낸 것입니다.

도대체 이런 일이 왜 생겼을까요? 향리가 어떤 사람들이기에 국왕에게 대들고 반란까지 일으키려 했을까요?

향리는 지역에서 힘이 센 집안 출신입니다. 신라 말기 각 지역에 호족이라는 지방 세력가들이 나타났어요. 중앙 정부의 행정력이 미치지 않고 지방민 스스로 다스리는 지역이 넓어질수록 지방 세력가의 힘은 더 강해졌지요. 그리고 그 대표적인 세력가들이 바로 태봉의 궁예, 고려의 왕건, 후백제의 견훤 등입니다.

고려 왕조가 후삼국을 통일한 다음에 지방 세력가들은 어떻게 되었을까요? 그중에 고려 왕조를 세우거나 통일 과정에서 활약한 세력가는 개경으로 이주를 했습니다. 개국 공신이나 고려 왕조의 관료가 되었기 때문입니다.

그렇지만 같은 집안 출신이라도 지역에서만 힘을 쓸 정도의 사람도 매우 많았습니다. 이런 사람들은 지역의 행정을 맡는 향리 가문이 되었지요. 특히 고려 왕조는 이런 사람들의 충성이 필요했기 때문에, 그들에게 여러 특권을 부여했어요. 향리에게 땅을 나누어 주고, 지역을 다스리는 일을 하도록 했죠. 결국 지역의 왕은 향리가 되었답니다.

"향리는 지방 세력가,
힘이 매우 세다"

앞에서 양주의 향리가 힘없이 쫓겨 오는 현종에게 큰소리를 칠 수 있었던 것도 양주에서 힘 있는 사람이기 때문입니다. 이 향리는 지방 세력가인 자기를 알아주고 인정해야 한다는 뜻에서 국왕에게 건방진 질문을 했을 수 있습니다. 아니면 쿠데타로 왕위에 오른 현종을 인정할 수 없다는 불만 때문에 반란을 일으키려 했는지도 모릅니다. 이 때문에 현종 일행은 밤에 향리가 이끄는 무리가 오자, 몰래 빠져나가 도봉사란 절로 피신하게 됩니다. 이렇게 위기를 넘긴 현종은 그 뒤로도 순탄치 않은 피난길을 가야 했어요. 이런 이유는 대부분의 지역에 지방관이 파견되지 않았고, 설사 있다고 해도 지방 세력가의 힘을 빌리지 않으면 아무것도 할 수 없었기 때문입니다.

향리는 중앙 정부에서 지방관인 수령을 지방으로 내려보내면서 점차 힘이 떨어집니다. 수령이 지방의 행정을 책임지고 감독했기 때문입니다. 그럼에도 수령도 향리의 협조가 없으면 행정을 잘해 나가기 어려웠어요. 왜냐하면 향리가 지역 사정에 밝고, 지역민들과 가장 가까운 관계였기 때문이지요.

그래서 지방관이 마음에 들지 않으면, 향리와 지역민이 합세하여 혼을 내 주는 경우도 있었어요. 1182년 충청도 옥천군의 수령 홍언이 백성을 침탈하는 등 나쁜 짓을 많이 했지요. 그러자 향리와 그 지역민은 홍언이 사랑하는 기생과 그녀의 엄마와 형제까지 죽인 후에 홍언을 잡아서 감옥에 넣었답니다. 기생의 가족이 백성을 수탈하는 일에 앞장섰을 거예요. 고려 정부는 이를 조사해서 주모자 5~6명을 유배 보내고, 홍언은 종신 금고형에 처했어요.

그럼에도 향리는 지역 행정을 책임져야 했기 때문에 자살까지 하는 일도 생깁니다. 1281년 충청도 홍주 지역의 한 향리는 군마가 먹을 사료를 기한 안에 비축하지 못하자 책임 추궁이 무서워

자살을 했습니다. 이제 향리의 지위도 옛날 같지 않았거든요. 이전에는 행정을 맡은 만큼 특권도 있었는데, 고려 후기로 갈수록 행정이란 의무만 남게 됩니다.

특히 고려 말에 향리는 노비와 더불어 승려가 될 수 없도록 법을 개정합니다. 왜냐하면 자기 의무를 피하기 위해 승려가 되는 경우가 많았기 때문입니다. 그만큼 향리가 고달픈 직업이 되었다는 뜻이죠. 그래서 향리의 자제 중에는 출세를 위해 공부하여 과거 시험을 보는 일이 많아집니다. 결국 조선 왕조에서 향리는 철저하게 지방의 행정을 보조하는 사람들로 남게 됩니다.

기인 제도

고려 왕조는 지방 세력가의 힘을 억누르기 위해 건국 초기부터 지방 세력가의 자제를 개경으로 올려 보내도록 했다. 이런 사람을 흔히 '기인'이라고 불렀고, 나중에 교육을 시켜 관료로 흡수하려 했다. 그렇지만 초기에는 일종의 인질이었다. 기인은 세력가가 후삼국 중 다른 나라에 붙거나, 또는 반란을 일으키지 못하게 하려는 보증 수표였던 셈이다.

11

향, 부곡, 소란 무엇을 하던 곳일까?

고려 시대에도 행정 구역이 있었어요. 수도인 개경을 비롯하여, 각 지역은 5도와 양계로 나누고, 5도에 -군이나 -현을 설치했어요. 그런데 -향, -부곡, -소란 특별한 행정 구역이 있었답니다. 도대체 향, 부곡, 소는 무엇을 하는 곳이고, 왜 이런 이름을 붙였을까요?

 향과 부곡은 신라 말 이래 새로 만들어진 마을이나 인구 등의 규모가 작은 곳에 붙여진 이름으로, 향과 부곡의 차이가 정확하게 무엇인지는 알려져 있지 않아요. 전쟁 포로를 집단적으로 수용한 곳이나, 아니면 반역을 일으키거나 전쟁 때 적에게 항복하면 마을을 향과 부곡으로 바꾸기도 했지요. 이런 경우는 후삼국의 통일 전쟁 과정에서 벌어진 일이거나, 이후 나라에 대한 반역이 일어나면 생기는 일이었답니다. 그렇다고 향과 부곡민이 노비와 같은 천민은 아니었어요. 다만 사회적으로 차별을 받기는 했지요. 사회적으로 지탄받는 곳이 되면 그곳의 이미지가 좋지 않고 사람들이 꺼리게 됩니다. 시간이 지나면 이런 생각이 굳어지고 차별을 낳지요.

향은 아니지만 항복한 거란 사람들이 사는 곳도 있었어요. 거란인은 때로는 집단으로, 때로는 개인적으로 고려에 들어와 정착하였는데 그중에 고려 초기 거란의 침입 당시에 포로가 된 사람들도 있었죠. 또 13세기 몽골에게 밀려난 거란인이 가족까지 이끌고 대규모로 고려에 쳐들어왔다가 크게 패하여 포로가 되었어요. 이런 거란인을 집단적으로 전국에 나누어 수용하였고, 이들이 사

는 곳을 '거란징'이라고 불렀지요.

하지만 거란인 대부분이 농사를 짓고 정착하는 데 실패했어요. 거란인은 대개 유목을 하는 경우가 많았기 때문에 농사 경험과 기술이 거의 없고, 나라의 지원도 많지 않았을 거예요. 그래서 이들은 전국을 떠돌면서 집시 생활을 했는데 먹고살기 위해 버드나무 가지로 만든 그릇을 팔거나 도축을 해 주는 일을 했죠. 바로이 거란인들이 조선 시대 때 소나 돼지를 잡는 백정이라 불린 사람의 기원입니다. 이런 경우에도 사회적으로 차별을 받았지요.

부곡은 지방관이 파견되지 않았고 향리가 수령을 대신하여 다스렸어요. 이곳 출신 향리는 아무리 나라에 공을 세워도 고위직인 5품 이상의 관리를 시키지 않았지요. 그만큼 차별을 한 셈입니다.

그런데 류청신이란 사람은 예외입니다. 그는 전라도 고이부곡 출신의 향리입니다. 류청신은 시원한 성격이었고 어릴 때 익힌 몽골어 덕분에 일종의 통역관이 되었어요. 당시 몽골족이 세운 원이 고려에 대해 여러 가지로 정치적인 간섭을 하던 때입니다. 칭기즈 칸이 세운 몽골 제국은 세계에서 가장 큰 나라이고, 중국 지역은 원이라는 왕조로 이름을 붙였지요. 류청신은 몽골어 실력 덕분에 왕의 명령을 받고 원에 자주 오갔습니다.

덕분에 국왕의 총애도 받았어요. 그래서 당시 국왕인 충렬왕은 원래 5품까지 제한해야 하지만, 특별히 3품까지 허락한다고 했지요. 또한 그의 고향인 고이부곡을 수령이 나가는 고흥현으로 높여 주었어요. 덕분에 고이부곡민의 지위도 따라서 높아졌겠지요.

"출신 지역에 따라 차별이 심했어"

한편 '소'는 나라에서 필요로 하는 물자를 생산하는 곳입니다. 예를 들어 금, 은, 동, 철과 같은 금속이나 종이, 도자기, 먹 등과 같은 물건이 그런 것들입니다. 금속은 광산이 있는 곳이어야 하고, 종이는 주로 닥나무 껍질로 만드니까 역시 그런 나무가 많은 곳에 소가 생깁니다. 도자기, 먹 등도 마찬가지입니다.

지금 같으면 공장에서 만들고 시장에서 돈을 주고 사는데 당시에는 물건을 사고파는 시장이 발달하지 않았어요. 그래서 나라에서 필요한 물건을 생산하는 곳을 지정해 두고, 일정한 양을 바치게 했지요.

그런데 광산 일도 그렇고, 종이, 도자기, 먹을 만드는 일도 무척 힘이 듭니다. 먹 만들던 이야기를 해 볼까요. 고려 중기 이인로란 사람이 쓴 내용입니다. 그는 맹성이란 곳에 지방관으로 파견되어 갔어요. 그런데 정부에서 왕에게 올릴 먹 5천 개를 만들라고 했어요. 그래서 먹을 만드는 공암촌이란 마을에 가서 기술자를 모으고, 소나무 태운 가루 100가마니를 모아서 두 달 동안 갖은 고생 끝에 먹을 만들었지요. 당시 얼굴과 옷이 그을음투성이였다고 합니다. 이인로는 이후로도 먹을 보면 너무 귀하게 여겨져 소홀하게 볼 수 없었다고 하네요.

고려 후기부터 점차 향, 부곡, 소 등은 없어지기 시작합니다. 그래서 조선 시대에 이르러 이런 곳들이 사라졌어요. 이 지역에 대한 사회적 차별도 없어졌을까요?

12

고려의 공무원은 인기가 있었을까?

요즘 인기 있는 직업 중 하나가 공무원입니다. 공무원이 되면 무엇보다 안정적으로 정년까지 일할 수 있고, 정년 후에는 연금이 나오기 때문일 것입니다. 그럼 고려 시대에도 공무원이 인기가 있었을까요? 그리고 공무원이 되면 요즘처럼 월급을 받을까요?

 고려 시대 공무원인 관리는 최고의 인기 직종입니다. 요즘의 아이돌 스타가 되는 일과 비슷하다고 보면 됩니다. 고려 왕조 초기에는 과거 시험이 없었어요. 사실 광종 때 과거가 생기기는 했지만, 시험으로 뽑는 사람은 매우 적었답니다.

대부분은 높은 관리인 아버지나 할아버지 덕으로 공무원이 될 수 있었어요. 이를 '음서'라고 하지요. 한동안 유행했던 금수저, 흙수저 이야기도 이와 관련이 있어요. 사회적인 기회가 공평해야 하는데 그렇지 못하기 때문에 생긴 말입니다. 여러분도 당연히 음서가 잘못된 것이라고 생각할 거예요.

그런데 고려 시대에 살았던 사람들은 그렇게 생각하지 않았어요. 자기 조상이 왕조에 충성했기 때문에, 그런 집안에서 나라에 충성할 사람이 나온다고 보았지요. 또한 나라에서는 이런 특혜를 주어야 많은 사람들이 배신하지 않을 것이라고 생각했어요. 신라 말, 고려 초기에 음서 같은 특혜를 주어야만 보다 많은 지방 유력자가 고려 왕조 편에 서겠죠. 음서의 대상자는 왕족의 후예, 큰 공로를 세운 공신이나 5품 이상의 고위직을 지낸 관리의 후손 등입니다.

당연히 과거 시험 출신보다 음서로 공무원이 되는 사람의 수가 훨씬 많았어요. 심한 경우에는 10세도 되기 전에 공무원이 되기도 했지만, 대략 15세 전후에 되는 경우가 많았지요. 특히 음서로 관리가 된 사람은 대부분 5품관 이상이 되고, 약 50~60퍼센트는 지금의 장관과 비슷한 재상이 되었답니다.

"열 살이 되기 전에 공무원이 됐다고?"

심지어 11세기에 살았던 이정이란 사람의 아버지는 아들이 과거 시험공부에 너무 몰두할 것을 염려하여, 시험을 보지 못하게 하고 음서로 공무원이 되도록 했습니다. 왜냐하면 공부만 하다가 벼슬하는 것이 너무 늦어질까 봐 걱정했기 때문입니다.

물론 시간이 지날수록 과거 시험에 합격하는 것이 사람들에게 더 인정을 받기는 했습니다. 귀족 사회가 되어 갈수록 글 짓는 능력이 그 사람의 교양 수준이라고 보았지요. 그래서 벼슬을 하고 있는데도 과거 시험을 보는 사람이 점차 늘어 갑니다. 또 시험에 합격하면 벼슬의 품계(1~9품)를 몇 단계 뛰어넘을 수 있었어요.

그러면 공무원이 되면 무엇을 받을까요? 실제로 받는 것은 땅과 봉급입니다. 그런데 땅은 두 가지 종류로 나누어 받았어요.

하나는 농사를 짓는 땅인 전지, 또 하나는 땔나무, 숯, 말을 먹일 풀을 얻는 시지입니다. 이 둘을 합쳐서 보통 '전시과'라는 제도로 불립니다.

공무원의 품계는 9품을 두 단계로 나누기 때문에 18과가 됩니다. 1등급은 최고위직으로 전지 100결, 시지 50결을 줍니다. 땅의 단위인 결의 정확한 넓이는 잘 모릅니다. 그리고 15등급부터는 시지를 주지 않고, 맨 아래 18등급은 전지만 17결을 줍니다.

봉급은 일 년에 두 번을 주었는데 돈이 아니라 쌀, 조, 보리 등과 같은 곡식으로 줍니다. 최고위직은 400가마를 주었습니다.

이런 경제적 혜택으로만 공무원이 되려 했던 것은 아닙니다. 공무원이 되면 사회적 지위가 엄청나게 올라가고, 그에 따른 권력도 생기게 마련입니다. 이제는 공무원뿐만 아니라 다른 직업도 인기가 있는 세상이 되어야 하는데요. 그런 미래 사회가 올 것이라고 봅니다.

13

이슬람 상인이
'코리아'를
널리 알렸다고?

우리에게 익숙한 '코리아'란 단어는 언제부터 쓰였을까요? 코리아란 말은 고려를 발음하다가 생긴 것입니다. 지금도 교과서에는 고려 시대 이슬람 상인이 와서 코리아라고 널리 알렸다고 나옵니다. 정말 그럴까요?

 고려 시대에 교류했던 외국은 주변 나라가 대부분입니다. 중국과 일본, 북쪽의 여진과 거란 등입니다. 고려 왕조가 건국했을 때는 아직 중국 내부가 통일이 되지 않았기 때문에, 여러 왕조와 접촉을 했어요. 그러다가 960년 송이 세워지고 중국을 통일한 이후에는 교류의 중심 국가가 송이 되었지요.

고려는 송에 대해 친선 외교를 펼쳤습니다. 특히 북쪽의 적대국인 거란과 여진을 견제하기 위해서 송과 좋게 지낼 필요가 있었어요. 하지만 송나라는 문치주의 때문인지 국방력이 약했지요. 그래서 거란과 여진의 침략을 계속해서 받는 처지였답니다. 거란과 여진은 나중에 각각 요, 금이라는 왕조를 세우고 송을 압박했지요.

송은 고려에 국왕이 새롭게 즉위하면, 그에 대해 공식적으로 인정을 해 주었어요. 그 밖에 두 나라 사이에 공식적으로 사신을 보내는 관계였죠. 12세기 송의 사신으로 온 서긍은 중국에 돌아가서 『고려도경』이란 책을 출판했어요. 이 책은 일종의 고려에 대한 종합 보고서인데, 여기에는 원래 그림까지 곁들여 있었다고 합니다. 하지만 현재 남은 책에는 그림이 빠져 있어요. 『고려도경』에는 궁궐이나 일반인들의 모습과 풍속 이외에도 다양한 내용을 담고 있어서 고려 시대를 이해하는 데 중요한 가치를 지닙니다.

이 책에서 서긍은 당시 만났던 고려 국왕 인종에 대해 이렇게 쓰고 있습니다. "인종은 용모가 준수하고 몸집이 작았지만 전체적으로 넉넉한 비만형이다. 타고난 성품이 지혜롭고 배운 것이 많으며, 또한 매우 엄격하여 일의 이치를 분간하는 것에 밝았다. 세자로 있을 때에 소속된 관리가 잘못을 저지르면 반드시 꾸짖었다. 즉위하자 비록 나이가 어렸지만 나라 관리들이 상당히 두려워하고 꺼렸다."

서긍은 1123년 3월 14일에 중국 개봉을 출발하여, 배를 타고 전라도 지역을 거쳐 고려 시대 최고의 무역항인 예성항에 6월 12일에 도착했어요. 거의 석 달 가까이 걸렸네요. 이 항로는 송나라 상인들도 주로 이용했어요. 송과는 사신뿐만 아니라 장사꾼도 오갔던 것입니다. 『고려사』에 실린 「예성강곡」이라는 슬픈 사연을 통해 그 사실을 알 수 있어요.

예성항에 온 중국 상인 하두강은 바둑을 잘 두었습니다. 그가 아름다운 고려 여성을 보고, 바둑 내기로 그녀를 빼앗고자 했습니다. 그래서 그녀의 남편과 바둑을 두었는데, 처음에는 남편에게 계속해서 져 주었습니다. 신이 난 남편에게 두 배로 내기를 걸자고 하였는데, 남편에게는 돈이 별로 없었습니다. 하두강은 부인을 내기로 걸라고 하고 결국 이기게 됩니다. 그러자 바로 부인을 배에 싣고 가 버립니다. 남편이 후회하여 지은 노래가 바로「예성강곡」이라는 이야기입니다.

"북적북적
국제 무역항, 벽란도"

예성강 하구에는 예성항이 자리 잡고 있었는데, 흔히 벽란도라고 불렀습니다. 이곳 벽란도에는 송나라뿐만 아니라 때로는 일본, 이슬람권의 상인도 오게 됩니다. 따라서 벽란도는 일종의 국제 무역항인 셈이었습니다. 그렇다고 지금의 인천항이나 부산항 같이 항상 외국 배가 들락거리는 것은 아니었어요. 외국 배는 계절풍을 이용해야 했기 때문이고, 무역할 물품이 항상 항구로 오는 것도 아니었답니다.

일본은 고려와 정식으로 외교 관계를 맺은 것이 아닙니다. 다만 무역에 관심이 있는 세력가가 고려 국왕에게 예물을 올리면, 이에 대한 답례품을 받아 가는 형식이었고, 때때로 송나라와의 교역을 위해 고려에 오기도 했습니다.

그리고 무엇보다 우리의 관심은 이슬람 상인입니다. 이슬람 상인은 1024년과 다음 해, 그리고 1040년 모두 세 차례 왔던 것으로 기록되어 있어요. 모두 대식국 상인이고 한 번에 100명 정도가 왔지요. 대개 송나라의 배편을 이용하여 고려에 왔습니다.

이슬람 상인은 송나라의 남부 지역 항구에 무역을 하러 왔다가 고려에 대한 소식을 듣고 찾아왔을 것입니다. 이들은 국왕에게 수은 같은 물품을 바치고, 국왕의 선물을 들고 돌아갔어요. 이슬람 상인이 세 차례 온 것이 의미가 없지는 않지만, 역시 횟수로 너무 적습니다.

이 사람들이 이슬람권에 가서 고려에 대해 크게 알렸을 가능성이 얼마나 될까요? 신기한 모험을 했다고 과장할 수 있겠지만, 사람들의 관심은 금방 식었을 것입니다. 고려가 황금의 나라로 돈이나 무역을 할 물건이 많았다면, 이슬람 상인은 계속해서 왔을 것입니다. 그만큼 고려가 상품을 거래하는 시장으로 크게 매력적이지 않았다고 해야겠지요.

우리는 코리아라는 이름에 큰 자부심을 가지고 있지만, 고려시대에는 그렇게 전 세계적으로 알려지지는 않았어요. 이후 몽골이 세운 원나라와 고려 사이에 무역이 활발해지고, 사람들의 교류도 더 활발해집니다. 아마도 이때 코리아란 이름이 중국을 거쳐 더 알려지게 됐을 겁니다. 중국에도 많은 이슬람권 사람들이 오기 때문입니다.

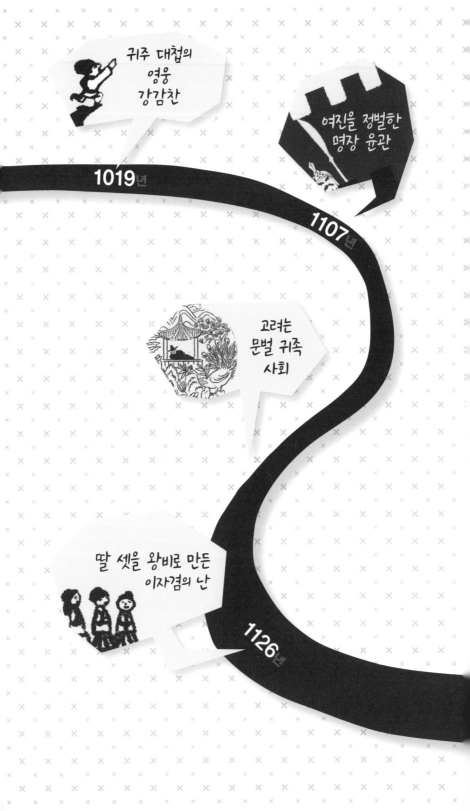

3장

전쟁의 영웅과
귀족의 생활

14

강감찬은
낙성대와
무슨 관계일까?

지하철 2호선에는 낙성대라는 역이 있습니다. 낙성대역에서 내려서 서울대학교 방향으로 가다 보면, 낙성대 유적이 있습니다. 낙성대란 별이 떨어진 곳이라는 뜻인데, 왜 이런 이름이 붙었을까요? 이곳이 귀주 대첩의 영웅인 강감찬과 관련 있는 유적이란 사실을 여러분은 아셨나요?

 여러분은 보통 강감찬 장군이라고 알고 있기 때문에, 이분이 군 장교 출신이라고 생각할 겁니다. 하지만 강감찬은 과거 시험에 합격한 문관입니다. 강감찬이 고려 정부에서 부각되기 시작한 계기는 역시 거란 침공입니다. 현종이 왕위에 오르자 거란의 임금이 직접 고려에 침략을 해 왔습니다. 거란은 현종이 앞서 국왕이던 목종을 쿠데타로 몰아냈다는 핑계를 댔지요. 이것이 1010년 거란의 2차 침입입니다.

당시 쿠데타의 주역이던 강조가 고려군을 이끌고 출동했는데, 초반에는 승리를 하다가 크게 패배했어요. 거란군은 서경(평양)을 지났고, 현종은 신하들과 어찌할 바를 몰랐지요. 이때 대부분의 신하들은 현종에게 항복하자고 건의했지만, 강감찬만은 달랐습니다. 그는 현종에게 남쪽 지방으로 피난하여 시간을 벌자고 했어요. 피난에서 돌아온 이후 강감찬은 요즘으로 치면 서울대학교 총장, 그리고 국왕의 비서나 언론 쪽의 관직을 주로 맡았습니다.

강감찬은 국왕의 측근으로 활약하면서, 왕권 강화를 위해 노럭했어요. 예절에 관한 규칙을 제정한다든지, 곡식과 토지 신에게 제사 지내는 사직단을 만들 것을 건의하였죠. 그리고 왕실과 관련이 깊은 서경(평양)과 평안도 지역을 다스리는 일도 맡았답니다. 이때 거란에 대한 여러 정보도 파악하고 대비했어요.

거란은 앞서 2차 침입 때 한강 지역까지 침략했지만, 북쪽 흥화진에서 양규의 강력한 저항에 부딪혔고, 그 밖의 여러 지역을 점령하지 못했어요. 이런 이유로 고려의 화친 요청을 받아들였는데, 거란의 조건은 국왕이 직접 거란에 와서 조회에 참석한다는 것이었죠. 고려가 이 요청을 들어줄 리 없지요. 따라서 거란과의 외교 관계는 계속 불편했고, 강감찬은 언젠가 거란이 다시 침략할 것이라고 예측했을 것입니다.

결국 1018년 거란은 소배압을 지휘관으로 하여 10만 명의 병력을 출동시켰어요. 이것이 거란의 3차 침입이지요. 고려는 총대장으로 강감찬을 임명하고 21만 명의 병력을 동원했어요. 이만큼의 병력 동원은 고려가 거란 침략에 충분히 대비를 하고 있었다는 뜻입니다.

**"소가죽으로 승리한 전투는
귀주대첩이 아니라, 흥화진 전투"**

첫 번째 전투는 고려 측의 철저한 준비로 이루어집니다. 강감찬은 흥화진 주변 산에 기병 12,000명을 매복시켰어요. 그리고 굵은 밧줄로 소가죽을 꿰어 만든 것으로 흥화진 성 동쪽의 큰 냇가의 물을 막고 기다렸지요. 일단 물을 가두긴 했지만 전혀 물이 흐르지 않았던 것은 아닙니다. 이 방식은 옛날 중국 전국 시대 장군인 한신이란 사람이 썼던 작전이에요.

거란군이 이곳에 도착했을 때, 소가죽을 터뜨려 물이 한꺼번에 쏟아지게 했어요. 그렇지만 거란군 중에서 물에 빠져 죽은 사람은 별로 없었을 거예요. 그래도 이 때문에 거란군의 대열이 무너지고 흩어지게 되었죠. 이 틈에 고려 기병이 돌격하여 승리를 거두었고, 패배한 거란군은 사기가 상당히 꺾였습니다.

마음이 급한 소배압은 수도인 개경을 향해 진격합니다. 하지만 고려군은 두 군데에서 승리하였고, 이제 거란군은 후퇴를 생각하지 않을 수 없었어요. 1019년 2월 거란군은 귀주를 통과하게 되었는데 고려군은 이들을 추격했습니다.

두 나라 군대는 벌판에서 격돌했지만 초반에 승부를 보지 못하고 있었어요. 이때 고려군 증원 부대가 도착했고, 마침 비바람이 남쪽에서 불어왔지요. 고려군은 이 틈을 타서 돌격했어요. 거란군은 대패하였고, 살아 돌아간 사람은 겨우 수천 명이었습니다. 거란의 군주는 너무나 화가 나서, 소배압에게 폭언을 퍼부었대요. 강감찬이 개선하자 현종은 개경 밖에까지 나와서 맞이했어요. 그리고 금으로 된 8송이 꽃을 손수 꽂아 주었죠.

이런 영웅이 태어난 것과 길믲은 단생 이야기가 있습니다. 한 고을을 지나던 사신이 큰 별이 어떤 집에 떨어진 것을 보았답니다. 알아보니 아이가 태어났대요. 이 사신은 고려의 중앙 정부에서 각 지방으로 보내는 사람이었을 거예요. 사신이 신기하게 여기고 아이를 데려다가 길렀는데, 이 아이가 바로 강감찬입니다.

이후 송나라 사신이 강감찬을 만났는데, 자신도 모르게 절을 하면서, 문곡성(문장을 담당하는 별)이 오래 보이지 않다가 여기에 와 있다고 감탄했다고 합니다.

사신이 본 별이 떨어진 곳이 바로 낙성대입니다. 현재 낙성대는 원래 위치에서 약간 옮겨진 곳이에요. 여러분도 낙성대에 가면 강감찬의 전설과 그의 지혜를 배울 수 있을 거예요.

15

고려는 여진에게
9성을 왜
돌려주었을까?

고려의 국경은 현재 두만강 지역까지가 아니었어요. 두만강 유역과 함경도 지역은 여진족의 무대였죠. 윤관은 여진족을 몰아내고 모두 9개의 성을 쌓았어요. 하지만 어렵게 얻은 이 영토를 다시 여진족에게 돌려주었지요. 고려는 왜 9성을 돌려주었을까요?

 원래 고려는 여진족에 대해 두 가지 방식으로 대하였습니다. 여진족 가운데 적대적인 부족이 고려 국경을 침범하면 이를 응징하였어요. 반면 귀화하거나 협조적인 부족에게는 식량이나 의복을 내주고, 말이나 화살 등을 받았죠. 그리고 추장에게는 벼슬도 내려 주어 일부 여진족은 고려를 부모의 나라라고 생각했어요.

그런데 만주에 있던 완옌부라는 부족이 점차 두각을 나타냅니다. 그들은 고려 국경 지대까지 세력을 뻗치고, 고려와 친했던 부족들을 모두 자기편으로 돌립니다. 1104년 고려는 여진족이 침범할 것이라는 정보를 파악하고, 고려군을 파견했어요. 하지만 성급했던 지휘관은 여진 지역으로 깊숙이 들어갔다가 패배하고 맙니다. 이 패배로 여진족은 고려의 정주 지역까지 들어와 살해와 약탈을 자행합니다.

그래서 고려는 윤관을 지휘관으로 하여 다시 정벌군을 보냈지만 윤관도 승리하지 못했어요. 윤관은 패배의 원인을 고려군에게 부족한 기병과 조직적인 군대 편성이라고 보았죠. 왜냐하면 정벌군으로 중앙군과 지방군을 동원하였는데, 부대 간의 손발이 잘

맞지 않았기 때문이에요.

고려는 총력전을 준비하게 됩니다. 윤관이 책임자가 되어 별무반이라는 부대를 만듭니다. 별무반에는 문관과 무관 중에서 실제 업무를 맡지 않은 관리, 그리고 서리와 장사꾼까지 포함하여 모든 지위의 사람들을 넣었어요.

특히 부족한 기병을 보충하기 위해 말이 있는 사람은 모두 신기군에 편성하고, 보병은 신보군이라고 이름을 붙였어요. 그리고 돌격대와 활 쏘는 부대, 기계에 걸쳐 화살을 쏘는 부대, 화공 부대까지 다양한 종류별로 군대를 조직하였지요. 그뿐 아니라 전쟁에 동원하지 않던 승려까지 선발하여 마귀를 항복시킨다는 항마군까지 만들었어요.

그런데 여진 정벌을 꿈꾸던 숙종이 죽었습니다. 다음 왕 예종은 1107년 드디어 정벌을 개시합니다. 여진족이 국경에 자주 침입하면서 본격적 침략을 준비한다는 정보를 입수하였지요. 예종은 궁궐 깊은 곳에 감추어 둔 숙종의 맹세 글을 꺼내 신하들 앞에서 읽었습니다.

윤관은 정벌군의 총지휘관으로 나서게 됩니다. 그리고 승리를 의심하던 부지휘관에게 "당신과 내가 아니면 누가 감히 죽음의 땅에 가서 나라의 치욕을 씻을 수 있단 말인가! 나라의 정책이 이미 정해졌으니 의심할 것이 없다."고 격려합니다.

모두 17만 대군이 원정길에 나섰습니다. 당시 고려의 인구를 알 수 없시만, 동원 가능한 병력의 60퍼센트 이상일 것입니다. 여진족은 대비가 없었어요. 이때 고려의 무사 척준경은 여진이 방어하던 한 돌성에 진격하여 추장 몇 명을 죽이고 100개에 가까운 여진족 촌락을 평정하는 등 맹활약을 펼쳤습니다.

"아쉽다, 성을 쌓았으나 지킬 힘이 없어"

윤관은 국경선을 공험진으로 정하고, 비석을 세우고 *9개의 성*을 쌓았습니다. 윤관은 이 지역이 옛 고구려 영토였음을 분명히 하고, 이를 회복한 것이라고 생각하였죠. 하지만 성을 쌓았다고 문제가 끝나지 않았어요. 함경도 지역의 9성은 나란히 서 있었지만 각 지역은 따로 고립되어 있었어요. 여진족은 자신이 살던 곳이었기에 계속해서 이곳을 침범하여 습격과 약탈이 끊이지 않았지만, 고려 후방에서의 보급은 여의치 않았죠. 이 지역의 골짜기는 깊었고 숲이 울창한 데다 고려의 국내 사정도 좋지 않았어요.

9개의 성   동북 9성의 위치가 어디인지는 기록이 확실하지 않아 지금까지도 많은 논란이 있다. 옛 기록에 따르면 9성은 함주, 영주, 웅주, 복주, 길주, 통태진, 숭녕진, 진양진, 공험진인데, 이름만 전해질 뿐 정확한 위치는 밝혀지지 않았다. 그래서 함흥평야설, 두만강 유역설, 두만강 이북설, 함경도 일원설 등 여러 견해가 엇갈리고 있다.

군대 훈련 비용이 많이 들고, 여진을 방어하기 위해 군인을 계속 동원해야 했는데 농사가 잘되지 않고 유행병까지 겹쳐서 사람들의 원망이 깊어 가고 있었거든요.

여진족은 끈질기게 교섭하면서 땅을 돌려 달라고 하였어요. 물론 이들은 앞으로 고려에 충성하면서 다시 침략하지 않겠다는 약속을 내세웠지요. 결국 고려 정부는 애써 얻은 땅을 돌려주기로 했어요. 그렇다고 이때의 노력이 허사가 된 것은 아닙니다. 이 경험이 이후 세종 시대 4군 6진의 개척에 큰 도움이 되었기 때문입니다.

귀족은
어떤 취미 생활을
하였을까?

고려 시대는 귀족 사회라고 불리기도 합니다. 귀족이 정치와 사회의 중심이었다는 뜻이지요. 고려 시대 귀족은 보통 3대에 걸쳐 높은 관직을 맡으면서 사회적으로 인정을 받고, 경제력도 있는 집안 출신을 뜻합니다. 귀족은 어떻게 살았으며, 어떤 취미 생활을 하였을까요?

귀족은 어떻게 만들어졌을까요? 고려 왕조가 처음 만들어졌을 때는 귀족이 없었어요. 이때는 왕족만 있었는데 태조 왕건은 지역의 큰 세력가가 자신에게 항복하면 왕실의 왕씨 성을 내려 주었어요.

예를 들어 순식은 지금 강원도 강릉 지역의 세력가였어요. 순식은 오랫동안 왕건에게 저항하고 있었지요. 왕건의 고민이 컸을 때, 권열이란 관리가 순식의 아버지를 먼저 설득하라고 조언을 합니다. 순식의 아버지는 당시 승려였는데 왕건 아래 있었어요. 순식의 아버지가 순식을 설득한 덕분에 순식이 큰 아들을 보내서 항복을 하였지요. 왕건은 순식에게 왕씨 성을 내려 주어 이름이 왕순식이 되었습니다. 심지어 왕건은 그 아래 있던 장군에게도 왕씨 성을 주었어요. 이런 경우에는 왕실 사람은 아니지만 주변에서 대우를 해 주게 됩니다. 하지만 왕순식 가문이 이후로도 귀족 집안이 되었는지는 잘 모릅니다. 오히려 3대 동안 고위직인 재상을 지내는 경우가 귀족이 되기에 유리합니다.

경기도 이천의 세력가였던 서신일은 이런 일을 겪었어요. 하루는 사슴 한 마리가 몸에 화살이 꽂힌 채 자기 집에 뛰어 들어옵니다. 서신일은 화살을 뽑아내고 사냥꾼이 사슴을 찾지 못하게 보호해 주었어요. 그러자 서신일의 꿈속에 신선이 나타나서 사슴이 자신의 아들인데 큰 은혜를 입었다고 말합니다. 이 은혜를 갚기 위해 서신일의 자손이 대대로 재상이 되도록 해 주겠다고 하였지요. 서신일은 나이 80세에 아들을 낳았는데 그 아들이 서필이고, 이후 서필은 서희를 낳았어요. 서희는 거란 침략에서 외교 담판으로 땅을 얻어 낸 유명한 분입니다. 그리고 서희는 서눌을 낳았는데, 모두 재상이 되었어요. 사슴을 고쳐 준 덕으로 3대가 재상이 된 셈인데 당연히 여러분은 이 이야기를 믿지 않을 것입니다. 하지만 서희 집안에서는 이러한 신선의 이야기가 자신의 집안이 귀족 가문이 된 이유를 설명하는 데 도움이 됩니다. 귀족은 사회적으로 인정을 받아야 탄생합니다.

　귀족은 어떻게 살았을까요? 이름난 집안이 되고 경제력과 정치적 힘이 생기면 생활이 넉넉하게 되겠지요. 그래서 귀족은 청자로 된 기와나 타일로 집을 꾸미고, 청자로 된 술잔이나 병, 그릇을 썼어요. 요즘에는 도자기가 흔해서 대단하지 않다고 생각하겠지만 당시 청자는 가격이 만만치 않았어요. 이런 귀한 물건을 쓰는 것은 자기를 과시하는 수단이 되지요.

"나랏일보다
공작이 중요하다니…"

귀족은 어떤 취미 생활을 하였을까요? 바둑이나 장기, 거문고 연주 같은 것은 중류층도 할 수 있었을 것입니다. 그래서 귀족들은 비싼 수입품인 공작이나 앵무새 같은 것을 집에서 길렀어요.

고려 중기 기홍수란 사람이 관청에 출근하여 차약송을 만났습니다. 둘 다 재상이란 고위직에 있었어요. 차약송은 기홍수에게 기르고 있는 공작이 잘 있냐고 물었어요. 기홍수는 공작이 생선을 먹다가 가시가 목에 걸려 죽었다고 하고, 모란 기르는 법에 대해 자세하게 말합니다. 당시 사람들은 재상이 나랏일을 의논하지 않고, 이런 취미 이야기를 한다고 비난했지요.

귀족들은 꽃을 기르는 취미 생활도 하였습니다. 특히 국화가 인기가 많아서 16종류나 그 이름이 알려졌지요. 취미 생활은 좋은 것이지만 당시 귀족의 취미는 일반 백성이 꿈도 꾸기 어려운 것이었어요. 귀족이 보다 사회를 생각하는 상류층이 되었다면 어 떠했을까요? 너무 큰 기대인지 모르겠습니다.

이자겸은 어떻게 최고의 가문이 되었을까?

고려 시대 귀족이 되는 것은 많은 사람들의 희망이었어요. 그래서 아이가 총명하면, 그 집안의 할아버지는 손자를 보고 "우리 가문을 일으킬 아이가 바로 얘다."라고 말했죠. 그런데 귀족 가문 중에서도 아주 특별했던 존재가 있었는데 바로 이자겸입니다. 이자 겸은 어떻게 고려 최고의 가문이 되었을까요?

 이자겸은 원래 좋은 집안 출신으로 그의 집안은 경원(인천)의 세력가입니다. 할아버지였던 이자연이 최고위직에 올랐을 뿐만 아니라, 세 명의 딸이 11대 왕인 문종의 부인이 되었지요.

귀족이 되기 위해서는 고위직을 대대로 배출하는 것도 중요하지만 다른 귀족 가문보다 더 특별한 존재가 되는 방법이 있습니다. 바로 왕실과 혼인 관계로 엮이는 것이죠. 집안의 딸이나 누이가 왕비가 되면, 그 집안은 더욱 지위가 보장됩니다. 태조 왕건이 29명의 부인을 두면서 많은 왕자의 외가가 힘을 썼던 것과 같은 이치입니다.

이후 12대 순종, 13대 선종 때에도 경원 이씨 가문에서 왕비가 나옵니다. 그만큼 명문가가 되었다는 뜻이죠. 특히 12대 순종은 재위 기간이 석 달 정도밖에 안 되었지만, 왕비가 바로 이자겸의 여동생입니다. 국왕이 왕비를 선택할 때 기준 중 하나가 가문의 힘입니다. 그들과 결혼으로 정치적 동맹을 맺는 것은 왕건 이래 계속되어 온 방법이지요.

다만 14대 헌종, 15대 숙종의 경우는 경원 이씨 집안과 혼인을 하지 않았어요. 왕실에서 경원 이씨 가문의 힘이 너무 강해지는 것을 원하지 않았던 탓입니다.

이자겸이 힘을 발휘하게 된 것은 바로 16대 예종 때부터입니다. 예종은 이자겸의 둘째 딸을 왕비로 삼았어요. 그 덕분에 이자겸은 고위직으로 승진하고 심지어 공신이 됐으며 백작 벼슬까지 받았죠.

그런데 예종이 죽었을 때 태자는 나이가 어렸어요. 이 때문에 예종의 동생들이 왕위를 엿보았지요. 이자겸은 어린 태자를 지원하여 인종으로 만들어 줍니다. 인종은 이자겸에게 최고의 벼슬을 주고, 조선국공이라는 공작 벼슬도 주었어요. 덕분에 이자겸은 개인적으로 부릴 관료까지 받고, 송나라에 개인적인 사신까지 보냈습니다.

"이자겸은 왕의 외할아버지이자 장인어른"

이뿐만 아니라 이자겸은 자신의 셋째와 넷째 딸을 인종과 결혼시킵니다. 인종은 자기 이모 두 사람과 결혼을 한 셈입니다. 이자겸의 권력은 최고조에 달했고 그의 자식들도 경쟁적으로 큰 집을 새로 지었어요. 그리고 뇌물이 공공연하게 오갔는데, 이자겸의 집에는 수만 근의 고기가 썩어 나갈 정도였답니다. 또한 백성들의 토지를 강제로 빼앗고, 그의 집 종들은 남의 마차를 빼앗아 물자를 수송할 정도였지요.

이 때문에 인종의 측근 관리들은 이자겸을 체포하여 귀양을 보내려고 시도하지만 이자겸과 사돈 사이인 척준경에 의해 실패하고 맙니다. 척준경은 여진 정벌의 영웅인데, 인종 측근은 그의 동생인 척준신이 국방 장관이라고 거들먹거리자 군사를 일으켜 그를 없앴습니다. 이때 척준경의 아들 척순도 함께 살해되었지요. 척준경은 동생과 아들의 시체를 보고 격분했던 것입니다.

궁궐은 척준경이 동원한 군인과 수하들, 그리고 현화사란 절에서 달려온 승려 300여 명에 의해 포위되었습니다. 현화사는 이자겸의 아들이 주지로 있는 절입니다. 결국 이자겸 일당은 궁궐을 불태웠고, 이로 인해 인종의 측근들은 대부분 죽게 됩니다.

인종은 이자겸의 집으로 거처를 옮기고 감시를 받게 됩니다. 심지어 이자겸은 자신이 국왕이 되기 위해 인종을 독살하려 노렸어요. 하지만 번번이 왕후인 이자겸의 딸에 의해 독살 시도가 실패하게 됩니다.

인종은 주치의였던 최사전과 비밀리에 모의를 하여, 척준경과 이자겸의 사이를 벌어지게 합니다. 척준경은 군인을 동원하여 이자겸과 그의 자식들을 감금합니다. 그리고 나머지 이자겸 일당을 체포하여 드디어 이자겸의 반란이 끝을 보게 됩니다. 물론 척준경 역시 무사하지는 못했습니다. 그도 탄핵을 받아서 암타도란 섬으로 귀양을 갔다가, 다음 해에 고향으로 돌아가게 됩니다.

그럼 이자겸은 어떻게 되었을까요? 반란을 일으킨 죄로 죽지는 않았고, 역시 전라도 영광으로 귀양을 갑니다. 만약 세력이 강한 이자겸을 죽이면 더 큰 문제가 생길 수 있기 때문입니다. 이렇게 권력이란 무서운 것입니다. 그리고 끝까지 가는 권력도 별로 없습니다. 그것이 역사의 교훈입니다.

독살을 막은 왕후

이자겸은 인종을 독살하고 왕위를 찬탈하려고 했다. 그는 인종에게 독약을 넣은 떡을 올리기도 하고, 독이 든 약사발을 바치기도 했는데, 이자겸의 넷째 딸이자, 인종의 둘째 왕후가 이를 알아채고 번번이 도와줘서 인종은 위기를 넘길 수 있었다. 나중에 인종은 이자겸의 딸들인 두 왕후를 비록 왕후의 자리에서는 내쳤으나 끝까지 잘 돌봤다고 한다.

18

상속할 때
재산을 어떻게
나누었을까?

상속할 때 자식들이 재산을 나누는 방식은 남녀 간의 사회적 지위와 관련이 있습니다. 상속 비율이 같으면 그만큼 남녀 간의 사회적 차별이 조금 적다는 뜻입니다. 한국은 1989년까지 재산 상속에서 첫째 아들과 딸들 간에 차별이 있었습니다. 고려 시대에는 상속할 때 재산을 어떻게 나누었을까요?

 **고려 시대에는** 상속할 때 남녀 간의 차이가 없었습니다. 조선 시대 초기에는 상속할 때 장남에게 10퍼센트를 더 주었어요. 첫째 아들이 제사를 지내라는 뜻이고, 그 비용을 감안한 것입니다. 그러다가 조선 후기로 접어들면서 장남이 모든 재산을 물려받는 형태로 변해 갑니다. 그렇지만 고려 시대에는 남녀가 모두 부모나 조부모 제사를 지냈고 재산 상속이 똑같이 주어졌습니다. 이에 관한 이야기를 한번 보지요.

손변이란 사람이 경상도에 지방관으로 나갔을 때의 일입니다. 남매가 소송을 벌인 것을 접수하였는데 소송을 낸 쪽은 남동생입니다. 동생의 불만은 재산 상속이었어요. 그는 "한배 속에서 태어났는데 어찌 누이만 홀로 부모의 재산을 갖고 동생에게는 그 재산을 나누어 주지 않습니까?"라고 항변하였지요.

누나는 이렇게 말합니다. "아버지가 임종하실 때 집의 재산은 모두 나에게 주었다. 너에게 준 것은 까만 옷 한 벌, 까만 모자 하나, 신발 한 켤레, 종이 한 묶음뿐이었다. 상속 문서가 있는데 어찌 아버지의 뜻을 어길 수 있겠는가?"

손변은 두 사람을 불러서 물어봅니다. "부친이 임종할 때 모친은 어디 있었느냐?" 하니, 먼저 돌아가셨다고 했습니다. 그래서 그 당시 남매의 나이를 물었습니다. 그랬더니 누이는 이미 결혼을 하였고, 남동생은 아직 어린아이였다고 하네요. 재산 상속이 있은 지 사실 여러 해가 지났던 것입니다.

손변은 이렇게 판결합니다. "부모의 마음은 자식에 대해 같은 것인데 어찌 자라서 혼인한 딸에게는 후하고, 엄마도 없는 어린아이에게는 박하겠는가? 내가 생각해 보니 아이가 의지할 데라곤 누이뿐이다. 만일 유산을 누이와 똑같이 한다면 그를 아끼는 것이 지극하지 않고 양육하는 것이 한결같지 않을까 걱정했을 것이다. 그래서 아이가 자라면 이 종이를 써서 소송 문서를 작성한 후, 까만 옷과 모자를 쓰고 신발을 신고 관청에 신고하면 아마 판결해 줄 사람이 있으리라 생각한 것이다. 오직 네 가지 물건만을 남겨 준 뜻은 이와 같을 것이다."

남매는 이 말을 듣고 느끼고 깨달은 바가 있어 서로 마주 보며 울었습니다. 손변은 재산을 반으로 나누어 주었어요. 손변의 판결과 해석은 참 훌륭하지요. 그가 반으로 재산을 나눈 것은 죽은 분의 유언을 우선적으로 따르되 일반적으로 재산 상속은 똑같이 나누는 관례 때문일 것입니다.

"남녀 간 차별 금지"

고려 시대 여성은 결혼할 때에도 자신의 재산을 그대로 가지고 있었어요. 또한 결혼은 물론이고 이혼도 가능했는데, 이혼할 때 자기 재산을 그대로 가지고 헤어집니다. 조선 시대에는 16세기에 들어오면 원칙적으로 이혼이 되지 않았어요. 이혼을 하기 위해서는 양반의 경우에는 국왕에게 이유를 보고하여 허락을 받아야 했지요.

고려 시대에는 가정에서 여성의 힘도 약하지 않았어요. 13세기 박유란 사람이 국왕에게 건의를 합니다. 그 건의는 인구를 증가시킬 방법에 대한 것입니다. 박유는 고려에 남성이 적고 여성이 많기 때문에 고위 신분의 경우에 여러 명의 여성을 첩으로 들이자고 합니다. 이 건의 소식은 여성들 사이에 곧바로 퍼져 나갔어요.

마침 연등회 날 저녁에 박유가 국왕을 따라가는데, 어떤 한 노파가 그를 손가락질하면서 외쳤지요. 부인을 여러 명 두자고 한 사람이 저 노인네라고요. 그러자 길가의 많은 여성이 손가락질을 하면서 시위를 벌였죠. 그런데 당시 재상 중에서 자신의 아내를 무서워하는 분이 있어서 박유의 건의는 실현되지 못했답니다. 그만큼 가정 내에서 여성의 힘을 무시할 수 없었다는 이야기입니다.

21세기 한국 사회에서 여성의 사회적 지위는 아직 낮습니다.

언젠가 신문에서 보았는데, 남녀의 직업이 같을 때 여성이 받는 돈이 남성과 비교해 60퍼센트 정도라고 하네요. 남녀평등은 아직 도 풀어야 할 문제입니다.

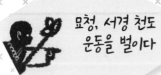

묘청, 서경 천도
운동을 벌이다

문신을
죽여라,
무신 정변

1135년

1170년

문신과 손잡다,
60년 최씨 정권

1196~1258년

노비를 없애자고 외친
만적

1198년

4장

귀족 사회의 위기와 무신 정변

19

김부식과 묘청,
누구의 주장이
옳을까?

김부식은 학자이자 정치가로 현재 남아 있는 가장 오래된 역사책인 『삼국사기』를 썼어요. 묘청은 승려인데 서경(평양)에서 반란을 일으킨, 흔히 '묘청의 난'이라 불리는 사건의 주인공입니다. 두 사람은 정치적 견해가 달랐고, 김부식은 묘청의 난을 진압한 군대 사령관이었죠. 이 두 사람이 왜 싸웠고, 누구의 주장이 옳았을까요?

 묘청의 난은 20세기 민족주의 역사가였던 신채호 선생 덕분에 굉장히 유명한 사건이 되었습니다. 신채호 선생은 묘청의 난을 '1,000년 역사 이래 가장 큰 사건'이라고 불렀어요. 그만큼 우리 역사에 큰 영향을 미쳤다고 보았지요.

신채호 선생은 김부식은 사대주의자이고, 묘청은 자주독립적인 사람으로 보았어요. 김부식이 승리했기 때문에 이후 조선의 역사가 사대적이고 보수적인 유교에 의해 좌우되었다고 했죠. 결국 이 때문에 조선 왕조가 망하여 일제의 손으로 넘어갔다는 뜻입니다.

하지만 정말 그런지는 살펴볼 필요가 있습니다. 먼저 김부식과 묘청이 살던 시대에 어떤 일이 벌어졌는지 살펴보도록 하지요. 이자겸이 여러 왕에게 딸들을 시집보내며 나라를 쥐고 흔들자 이로 인해 왕실의 권위가 땅에 떨어졌어요. 그런데 당시 많은 사람들이 이자겸의 주장에 따라 여진족이 세운 금나라와 사대 관계를 맺은 것에 불만이 컸습니다. 여진족은 고려로부터 9성을 돌려받은 후, 착실하게 싱장하여 만주 지역에 금 왕조를 세웠어요. 이후 송나라를 압박하여 양쯔강 이남 지역으로 물러나게 했죠.

그러는 한편으로 금은 고려에 대해 왕과 신하의 외교 관계로 바꾸자고 통보를 해 왔어요. 고려의 입장에서는 속 터지는 일이었죠. 고려가 부모 또는 형님의 나라와 같은 대우를 받다가 완전히 역전되었기 때문입니다. 당시 수많은 반대에도 불구하고 이자겸은 현실을 인정하는 쪽으로 금나라의 요구를 받아들였어요.

"김부식은 현실주의자 묘청은 이상주의자"

그런데 이자겸의 반란이 일어나면서 궁궐도 불타고, 무언가 새로운 정치적 변화가 필요한 시점이 왔습니다. 이때 등장한 사람이 묘청입니다. 사실 묘청의 출신 등에 대한 개인 정보는 알려진 바가 없습니다. 천문을 맡은 백수한과 유명한 시인 정지상 등이 묘청을 국왕에게 추천하였지요.

이들은 서경 출신이었고, 수도인 개경의 땅기운이 사라졌다고 주장하였어요. 궁궐을 아예 서경으로 옮기면 금나라가 스스로 항복하고, 26개의 나라가 모두 고려에 조공을 바칠 것이라고 주장하였죠.

여러분은 풍수지리설을 들어보았지요? 땅의 기운이 인간에게 영향을 미친다는 설입니다. 묘청이 새 궁궐 자리로 주장한 곳은 서경 근처의 임원역이란 장소입니다. 그가 이런 주장을 하자, 인종은 묘청과 같이 임원역에 갔습니다. 물론 김부식과 일부 관리는 묘청의 주장에 반대했지만 많은 관리들이 묘청의 주장에 적극적으로 동조를 했습니다.

결국 임원역에는 새 궁궐이 들어섰어요. 인종이 그곳에서 축하 행사를 할 때, 묘청 등은 공중에서 신선의 음악 소리가 들렸다고 주장했지만 재상들은 자신의 귀가 멀지 않았다면서 이를 부정했어요.

하지만 인종은 서경에 지은 새 궁궐로 이주하는 것을 내켜 하지 않았어요. 일단 개경에도 불탄 궁궐이 복구되었고, 일반 관리들도 이사를 하는 것을 원치 않았지요. 그래서 묘청 일파는 인종에게 황제라고 부르고 연호를 제정할 것을 건의합니다.

하지만 인종이 받아들이지 않자 결국 묘청은 평양의 관리나 자신을 따르는 인물들과 함께 반란을 일으켰어요. 그리고 나라 이름을 크게 이룰 것이라는 뜻의 '대위', 연호를 하늘이 열린다는 '천개'로 정했지요. 물론 따로 왕을 내세우지는 않았어요. 인종이 자신의 편이 될 것이라고 생각했기 때문입니다.

이 반란은 서경과 주변 지역을 포함해서 엄청나게 퍼져 갔습니다. 김부식은 먼저 개경에 남아 있던 묘청의 일파를 처단하고, 군대를 모아 서경으로 향했어요. 김부식은 1년 가까운 시간 동안 반란군과 진투를 벌이면시 겨우 진압에 성공했어요. 그리고 이런 경험이 『삼국사기』를 쓰게 한 원인이 되었지요.

　김부식과 묘청 중 누구의 주장이 옳았을까요? 김부식은 현실 인정주의자이고, 묘청은 이상주의자입니다. 현재 사람들도 이상과 현실 앞에서 끊임없이 자신의 입장을 설명합니다. 정답은 없습니다. 어느 쪽이든지 자신의 주장을 실현하기 위해 충실하게 노력해야 하겠지요.

20

공사장 인부의 부인이 머리를 자른 이유는?

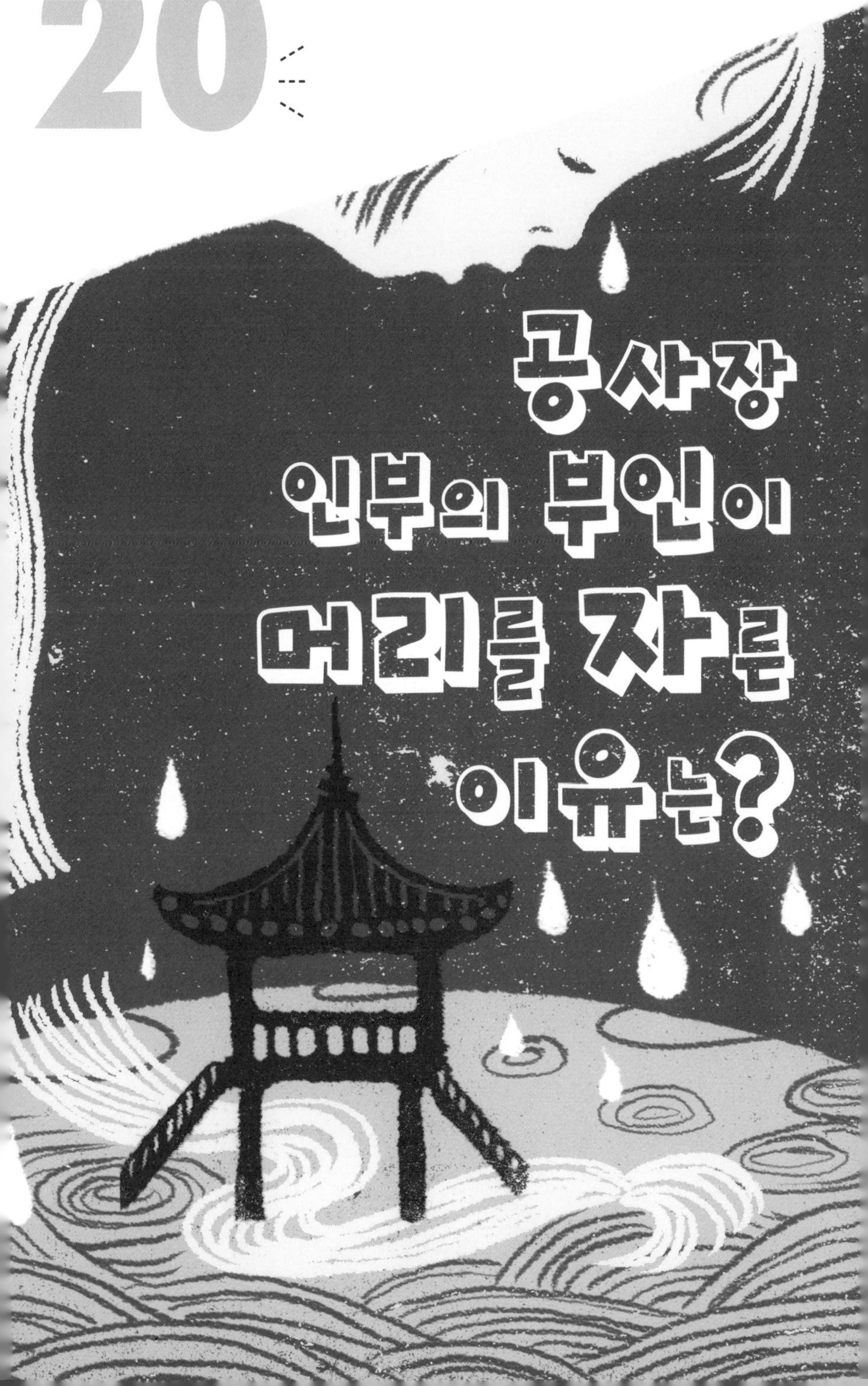

의종은 인종의 뒤를 이어 왕이 된 사람입니다. 나중에 무신들이 정변을 일으켰을 때 쫓겨난 비운의 국왕이지요. 의종은 경치 좋은 곳에 정자를 세우고, 어울려서 노는 것을 즐겼습니다. 이런 정자를 만드는 공사에 동원된 인부가 있었어요. 그런데 그의 부인이 머리를 잘랐다고 하네요. 왜 부인은 머리를 잘라야 했을까요?

 의종이 왕이 되었을 때 그는 여러 과제를 안고 있었습니다. 아버지 인종이 겪었던 이자겸과 묘청의 반란 여파로 국왕의 권력은 약해져 있었지요. 특히 왕실과 연결된 서경 지역이 황폐해지면서 도움이 되지 못했어요. 심지어 의종이 왕이 된 지 2년도 안 되어 반란을 일으키겠다는 사람이 나올 정도였죠.

의종은 형제들도 신경이 쓰였어요. 아직 의종이 왕이 되기 전의 일입니다. 어머니가 장남인 의종보다 둘째 아들을 태자로 삼고 싶어 해서 의종이 어머니에게 불평을 했습니다. 그러자 어머니가 맨발로 뜰에 내려가 하늘에 기도를 했는데 갑자기 천둥과 번개가 치고 비가 내렸습니다. 놀란 의종이 어머니의 치마폭으로 들어갔다고 합니다. 어딘가 어색해 보이는 이야기인데, 의종의 성격이 좀 나약했던 모양입니다.

의종은 왕이 된 후 왕실을 부흥하고 왕권을 강하게 만들려고 했습니다. 과거 왕실의 절이었던 중흥사를 다시 세우고, 풍수지리설에 따라 황해도에 작은 궁궐도 새로 만들었어요. 그야말로 '중흥' 즉 다시 흥하기 위한 노력이었지요.

또한 왕실의 역사를 새롭게 정리하였는데, 특히 태조 왕건의 조상에 대한 신화적 이야기를 많이 수집하였어요. 아울러 울릉도에 사신을 보내서 사람이 살 수 있는지 여부도 조사하였지요. 다만 보고 내용이 암석이 많아서 적당하지 않다고 하자, 개발을 중단하기도 했습니다.

하지만 점차 의종은 정치를 기피하게 됩니다. 그리고 자신의 측근인 환관에 대한 대우를 높이려 했어요. 원래 환관에게는 문관의 관직을 주면 안 됩니다. 하지만 의종은 신하들의 반대가 심했음에도 불구하고 정함이란 환관에게 문관 벼슬을 주었어요. 이런 환관들이 권세를 누리기 시작하면 개인적인 이익을 탐내는 사람들이 그 주변에 모이게 되지요.

마음이 불안해서 그런지 의종은 점치는 사람을 가까이 했습니다. 점치는 사람은 나라에 걱정이 생길 징조라고 하면서, 여러 절에서 불교 행사를 벌이라고 권했지요. 이 행사에 재정이 낭비되고, 사람들의 원망이 깊어지게 됩니다.

"놀기를 좋아하는 왕, 백성들은 고달파"

의종은 여러 신하들의 집을 궁궐로 삼아서 계속 옮겨 다닙니

나. 불안감으로 인해 한곳에서 오래 있지 못했던 것이지요. 또한 경치가 좋은 곳에 정자를 만들었는데 이런 정자를 지을 때는 대개 옆에 연못이나 물가가 자리하고 있었어요. 그중에서 중미정이란 정자는 시냇물을 막아서 인공으로 연못을 만들었지요. 중미정은 한마디로 그림과 같은 정자인데, 언덕 위에 아름다운 정자가 있고 연못에는 오리가 놀고 있는 풍경이 어우러져 있는 곳입니다. 주변에는 갈대가 우거졌는데 의종은 이런 곳에서 배를 띄워 놓고 노래와 춤을 즐겼습니다.

의종이 정자를 만들 때에는 단순히 정자만이 아니라 물을 막는 것과 주변 경치를 꾸미는 공사를 해야 했습니다. 이를 위해 많은 백성들이 공사에 동원되었지요. 특히 중미정을 만드는 공사에 동원된 인부 중 한 사람이 매우 가난했습니다. 나라에서 하는 공사라도 직접 식량을 싸 와야 합니다. 몹시 가난했던 인부는 자신의 양식을 싸 오지 못했지만 주변의 다른 인부들이 밥 한 숟가락씩을 나누어 준 덕분에 굶지 않았어요. 그러던 어느 날 그의 아내가 음식을 잔뜩 싸 가지고 공사장에 나타났습니다. 남편에게는 친한 사람들과 같이 나누어 먹으라고 했지요. 인부는 집이 가난한데 어떻게 음식을 장만한 것인지를 의심했어요. 아내가 감추었던 머리를 내보이니, 머리카락이 없었습니다. 아내는 머리카락을 잘라 팔아 음식을 마련한 것이지요.

이 이야기가 남겨진 이유는 바로 의종의 실정 때문입니다. 놀이를 좋아하는 국왕이 백성을 사랑할 리 없습니다. 그래서 결국 무신 정변이 일어나고 국왕이 쫓겨나게 되었다는 생각 때문에 이런 이야기를 역사책에 실었죠. 역사책에 이를 실은 이유는 국왕은 항상 조심하여 백성을 생각하고, 놀이에 빠지지 말라는 교훈을 주기 위해서입니다.

노는 일이 나쁜 것이 아닙니다. 하지만 자신이 해야 할 것을 내버려 두고 놀이에만 빠져 있는 것은 문제가 아닐까요?

무신들이 새로운 국왕을 뽑은 이유는?

1170년 두 명의 장교가 보현원이란 절에 와서 왕의 명령이라면서 군인들을 집합시켰습니다. 잠시 뒤 의종이 도착하여 들어가고 여러 신하들이 물러나려 할 즈음, 장교들은 갑자기 환관과 문신들을 죽이기 시작합니다. 이것이 무신들이 일으킨 정변입니다.

무신들은 왜 정변을 일으켰을까요? 역사책에는 대부분 문신이 무신을 차별했기 때문에 그에 대한 불만으로 정변을 일으켰다고 나옵니다. 틀린 말은 아니고 실제로 차별이 있었습니다. 예를 들면 문신은 종1품이 최고위직이지만, 무신은 정3품에서 그칩니다. 그리고 문신은 과거 시험이나 집안 배경으로 뽑게 되지만, 무신은 상당수가 자신의 무예 능력으로 장교가 되었어요. 이 때문에 신분이 낮은 사람, 심지어 천민에 가까운 사람도 무술 능력으로 장교가 되기도 하였죠.

하지만 이렇게 관리가 된 무신을 문신이 제대로 대접할 리 없었습니다. 문신은 무신이 천박하고 신분이 낮다고 괄시했지요. 더구나 의종은 문신 엘리트를 매우 우대하여, 이들과 종종 잔치를 벌였답니다. 대표적 인물이 김부식의 아들 김돈중 같은 사람입니다.

당시 유자량이란 사람은 16세 때에 모임을 만들었습니다. 이 모임에는 문신 자제가 참여했는데, 유자량은 모임에 무신 두 사람을 넣자고 제안했어요. 문신 자제들은 좋아하지 않았지만, 유자량은 문무의 균형이 맞아야 한다면서 이들을 끼워 넣었지요. 결국 무신 정변이 일어난 후에 두 사람의 무신이 이 모임의 회원들을 모두 구해 주었답니다. 그야말로 유자량의 미래를 보는 눈 덕분에 살아난 것입니다. 하지만 이 이야기는 당시 문신이 무신을 깔보고 있음도 보여 줍니다.

문신들이 의종을 따라다니며 술 먹고 노는 잔치들은 대개 야외에서 열렸습니다. 여기저기 옮겨 다니며 벌어지는 통에, 의종의 경호를 맡은 장교와 군인들은 무척이나 피곤했지요. 잘 먹지도 못했고요.

무신 정변이 일어나던 날, 의종은 무신들의 불만을 눈치챘습니다. 그래서 지금의 택견과 비슷한 무술 경연 대회를 열고, 상품을 내리려고 했지요. 그런데 대장군 이소응이 경기에 참여했다가 지쳐서 달아나게 됩니다. 이때 왕의 측근 문신이 이소응의 뺨을 때려서 뜰 아래로 떨어뜨렸어요. 국왕과 신하들은 재미있다고 웃었지만, 무신들은 마음에 큰 상처를 입었지요.

"문신과 무신, 권력을 두고 경쟁하는 관계"

하지만 이런 차별 이외에 다른 요인이 있습니다. 사실 정변의 주역인 무신들은 국왕을 호위하는 측근이었어요. 일종의 경호 부대이지요. 이들과 국왕 주변의 환관, 그리고 엘리트 문신은 권력을 두고 서로 경쟁하는 관계였어요. 국왕이 편을 들어줄수록 권력의 양이 늘어나게 되지요. 그런데 의종은 환관과 문신에게 많은 혜택을 주었고 무신들은 이를 참을 수 없었던 것입니다.

보현원에서 정변을 일으키던 날에 정변의 주역인 정중부와 이고는 약속을 했습니다. 정변에 참여한 부대는 오른쪽 어깨를 내어 놓고 머리에 쓴 모자를 벗어서 같은 편임을 나타내자는 것입니다. 그래서 이런 사실을 몰랐던 무신들도 많이 죽었답니다.

그런데 김돈중이 정변을 알아채고 도망을 갔습니다. 정변을 일으킨 무신들은 걱정을 했지요. 만약 김돈중이 개경으로 돌아가 대비를 하면 뚫고 들어갈 방법이 없기 때문입니다. 그런 경우에 남해로 피신하거나 북쪽 오랑캐에게 투항하자고 계획을 세웠지요.

하지만 걸음이 빠른 사람을 개경에 보내 정탐을 하니 조용했습니다. 김돈중은 판단을 잘못해서 숲속으로 도망친 것입니다. 정변 부대는 곧바로 개경으로 들어가 궁궐 안에서 숙직하던 문신들을 죽입니다. 일부는 길에서 "문신의 관을 쓴 사람은 비록 서리라

정중부의 수염

정중부는 키가 7척이 넘을 정도로 풍채가 좋고 당당하며, 수염이 아름다웠다고 한다. 섣달 그믐날 밤 대궐에서 행사가 열리고 있었는데, 바람이 불어와 연회장 안의 촛불이 모두 꺼졌다. 이때 김부식의 아들 김돈중이 정중부의 수염을 촛불로 태웠다. 화가 난 정중부는 김돈중의 따귀를 때렸다. 문신들은 한목소리로 정중부를 비난했고, 김부식은 아들의 잘못을 탓하지 않고 오히려 정중부를 처벌해 달라고 인종에게 청했다. 인종이 정중부를 감싸주어 그냥 넘어 갔지만, 창피를 당한 정중부는 복수할 날만 기다렸다.

도 씨를 남기게 하지 말라."고 외칩니다. 모두 죽이라는 뜻이지만 실제로 수색해서 죽인 문신은 50여 명이었습니다.

무신들은 의종에게 왕의 자리를 동생에게 물려주도록 했어요. 뜬금없이 왕이 된 그는 명종입니다. 의종은 멀리 거제도로 유배를 갔다가, 나중에 자신을 다시 왕위에 올리기 위한 사건이 벌어지면서 무참하게 죽임을 당합니다. 이렇게 벌어진 무신 정변은 이후 100년 동안 무신들의 손에 권력이 좌우되는 독특한 역사 시대를 열었어요.

22

천민 출신
이의민이 어떻게
최고 권력자가
됐을까?

무신 정변은 정치계의 새로운 스타를 만들어 냈습니다. 좋은 뜻에서의 스타라기보다 새롭게 등장한 독특한 인물을 말합니다. 대표적인 사람이 바로 천민 출신 이의민입니다. 그는 천민에 가까운 신분으로 국왕 다음의 최고 권력자가 되었어요. 어떻게 이런 일이 가능했을까요?

 **이의민은 경상남도** 경주 사람입니다. 그의 아버지는 소금과 소쿠리 장수였고, 어머니는 절의 여종이었어요. 어머니의 신분 때문에 이의민은 천민에 가깝습니다. 이의민이 어른이 되자 키가 크고 힘이 장사였지요. 그는 두 형과 함께 경주 근처 시골에서 깡패 생활을 합니다. 고을 사람들이 골치를 앓다가 지방관에게 하소연을 했어요. 지방관은 이들을 잡아다가 심한 고문을 했는데 두 형은 감옥에서 죽고 이의민은 살아남았지요. 지방관은 그의 힘을 인정하고 군인으로 뽑아 개경으로 보냈어요.

이의민의 무술 실력을 드러내는 에피소드가 있습니다. 이의민처럼 글을 모르는 두경승이란 사람이 재상이 되어 이의민과 같이 출근을 했습니다. 이의민은 두경승에게 자신의 무술을 자랑하면서 주먹으로 기둥을 쳤어요. 그러자 지붕과 기둥을 연결하는 서까래가 다 흔들렸지요. 두경승 역시 옛날 일을 자랑하면서 주먹으로 벽을 쳤어요. 그러자 주먹이 벽을 뚫고 나왔다는 이야기입니다. 당시 사람들이 이 때문에 "재상의 지위는 3~4년이지만 주먹

바람은 영원히 떨치리."라는 시를 지을 정도였습니다.

무신 정변이 일어나자 이의민은 맹활약합니다. 특히 그가 살해한 사람의 수가 제일 많은 탓에 그 공으로 인해 장군이 되었죠. 그야말로 벼락출세를 한 셈입니다. 그런데 국왕이 바뀐 지 3년도 되지 않아 의종을 다시 왕위에 올리겠다고 반란이 일어났어요. 의종은 거제도에서 나와 경주에 머물렀습니다.

이의민은 경주의 반란군을 진압하려고 출동하였습니다. 그가 자기 고향이던 경주에 도착하자, 어떤 사람이 만나자고 요청합니다. 이 사람은 의종이 경주에 온 것은 자신들의 의사가 아니라, 일부 사람들이 꾸민 일이라고 전합니다. 그리고 반란군은 수백 명에 불과한데, 오합지졸이라서 시간을 좀 주면 이들의 두목을 제거할 것이란 계획을 말했지요.

이의민은 경주민의 협조로 너무도 쉽게 반란군을 제압했습니다. 그러자 이의민은 의종을 곤원사라는 절의 북쪽 연못에 데려가 술을 몇 잔 올립니다. 이윽고 의종을 껴안은 이의민은 힘을 주어서 의종을 살해했어요. 의종을 죽인 일은 무신들의 입장에서는 공로일 수 있으나, 이 사건은 왕의 살인자라는 낙인으로 이의민을 평생 따라다닙니다.

"이의민의 정치는
탐욕으로 일관하였다"

한편 당시 무신 간의 권력 다툼 끝에 청년 장군 경대승이 등장합니다. 그는 집안도 좋고 문신과의 사이도 괜찮았어요. 경대승은 무신 정변의 주역인 정중부를 처단한 후에 권력을 잡았던 것입니다. 그가 대궐에 들어가자 주변 관리들이 축하 인사를 했지요. 그러자 경대승은 "임금을 죽인 자가 아직 살아 있는데 무슨 축하냐."고 했습니다. 이의민은 자신을 가리키는 말을 듣고 겁이 나서 경호병을 늘리고 집 근처 골목에 대문을 만들었어요. 이의민은 경대승을 죽일 방법을 고민했지만 결국 불안감 때문에 고향인 경주로 내려갑니다.

하지만 경대승이 병으로 사망하자 국왕인 명종은 이의민을 여러 번 불렀습니다. 하지만 이의민이 여기에 응하지 않자 명종은 그가 반란을 꾸밀까 봐 두려워합니다. 그래서 국방 장관의 벼슬을 주고 간곡하게 요청을 했지요.

돌아온 이의민은 경쟁자가 없었기에 가장 고위직에 금방 오를 수 있었어요. 그는 옛날 예언에 나온 용의 자손은 12대에 그치고, 십팔자(十八子)가 왕이 될 것이라는 이야기를 믿었지요. 십팔

청년 장군 경대승

경대승의 아버지는 권세를 이용해 남의 땅을 많이 빼앗았는데, 경대승은 아버지가 죽은 후 모두 헌납하고 청렴한 생활을 하였다. 1179년 무신들의 횡포와 비리에 분개하여 정중부 등을 제거하고 실권을 장악하였다. 경대승은 신변 보호를 위해 도방을 설치하고 문관과 무관을 고루 등용하였다. 비리를 저지르는 자를 처벌하여 조정의 질서를 회복하려 했으나 1183년 30세의 나이로 병사하였다.

자라는 한자를 합치면 이(李)씨가 됩니다. 이의민은 왕이 되어 신라를 부흥시킬 생각을 가졌습니다.

하지만 그의 정치는 탐욕으로 일관하였고, 특히 그의 두 아들은 횡포가 심하여 당시 사람들이 쌍칼 아들이라고 부를 정도였죠. 이 때문에 나중에 이의민이 암살당했을 때, 많은 사람들이 좋아했어요. 권력은 가지는 것도 어렵지만, 다른 사람들을 위해 어떻게 쓰는 것인가 하는 문제가 더 어렵습니다.

23

최씨 집안은
어떻게 60년 동안
권력을 유지했을까?

최충헌은 한국사에서 매우 독특한 인물입니다. 그는 무신 출신으로 권력을 잡은 이후, 4대에 걸쳐 권력을 유지할 수 있도록 만들었기 때문입니다. 한 집안이 권력을 잡은 뒤 증손자까지 권력자가 되었던 경우는 왕실을 제외하고 유일합니다. 도대체 최충헌이 어떻게 하였기에 이렇게 권력을 유지할 수 있었을까요?

 최충헌은 아버지가 상장군인 무인 가문에서 태어났습니다. 그 덕분에 음서로 벼슬길에 들어섰는데, 그에게 기회가 왔어요. 당시 무신 정권에 반대하던 조위총이 북쪽에서 반란을 일으켰는데, 정부의 지휘관은 최충헌이 용감하다는 소문을 듣고 그를 소대장에 임명하였죠. 최충헌은 이후 점차 승진해서 장군이 됩니다.

그런데 최충헌의 동생 최충수가 문제를 일으킵니다. 당시 최고 권력자였던 이의민의 아들인 이지영이 최충수가 기르던 비둘기를 빼앗자 최충수는 이지영의 집에 찾아가 돌려 달라고 거칠게 항의했어요. 화가 난 이지영이 하인을 시켜 그를 묶었습니다. 하지만 최충수는 이지영이 직접 자신을 묶지 않으면 누구도 그렇게 할 수 없다고 주장합니다. 이지영은 최충수를 사나이답다고 보고 풀어 주지요.

하지만 풀려난 최충수는 형인 최충헌을 찾아가 이의민 부자를 없애자고 제안합니다. 이의민이 별장으로 갔을 때, 최충헌은 동생과 몇몇 친척을 데리고 가서 그의 암살에 성공합니다. 그리고 개경으로 가서 몇몇 장군의 협조를 받아, 이의민 일당을 소탕합니다. 이때 누구를 살리고 죽일 것인지를 정하고, 죽이려고 마음먹은 사람은 불러서 같이 술을 마시다가 해치우기도 하였죠.

당연히 이의민 측에서도 반격이 있었어요. 길인이란 사람은 장군 두 사람과 함께 무기고에서 병장기를 꺼내 경호 부대와 환관, 노비 등 1,000여 명에게 나누어 주었어요. 개경 시내 한복판에서 시가전이 벌어졌는데, 최충헌이 결사대 10여 명과 돌격해서 진압합니다.

"문신 세력과 손잡은 최충헌"

최충헌은 권력을 잡자 국왕에게 모두 10개 조에 이르는 건의문을 올립니다. 건의문 내용은 국왕이 음양설을 믿어 새 궁궐에 들어가지 않는 것에 대한 지적부터 빼앗긴 토지를 돌려주는 일, 각종 민폐와 승려 문제까지 다양했어요. 최충헌이 이런 건의문을 올렸다는 것부터 지금까지의 무신 권력자들과 다른 면모였죠. 그는 문신 세력과 손을 잡고 건의문을 올렸으며 이후 문신들을 적극적으로 활용합니다.

최충헌은 무신 정변 이후 왕이 된 명종을 왕위에서 끌어내리고 그의 동생을 국왕(신종)으로 삼습니다. 이후에도 여러 이유로 3명의 국왕을 새롭게 세우고, 1명을 국왕 자리에서 쫓아냈어요. 그야말로 최충헌에 의해 국왕 자리가 좌우되었던 것입니다.

심지어 이의민을 같이 쫓아낸 동생 최충수도 갈등 끝에 없애 버립니다. 최충수가 태자를 이혼시키고, 자신의 딸과 결혼시키려 한다는 이유 때문입니다. 최충헌은 과거 무신 권력자가 태자와 딸을 결혼시키려다가 권력에서 쫓겨난 사례를 잘 알고 있었어요. 그는 조심해야 할 것과 무자비하게 처리해야 할 일을 잘 구분했지요.

이후 최충헌은 국내 문제로 가장 시급했던 일을 처리합니다. 그 일은 여러 곳에서 일어난 농민, 천민의 봉기였어요. 이로 인해 많은 사람들이 불안해하고 있었는데, 이를 강력하게 진압하였죠. 그래서 기존의 문신이나 많은 사람들은 다른 무신 권력자보다 차라리 최충헌을 지지하는 것이 좋다고 보았어요. 불안한 정세보다 절대적 권력자를 선택했던 것입니다.

또한 최충헌은 자신이 데리고 있던 개인적 병사들을 도방이란 곳에 소속시킵니다. 도방은 이들을 관리하고, 최충헌에게 무조건적으로 충성하도록 하는 단체였습니다. 이곳의 병사들은 긴 베개를 이용하여 같이 잠을 자면서, 서로 동지애를 갖게 되었어요. 무술 능력이 있는 사람은 출세하기 위해 이곳에 모여들었죠. 그래서 이때의 정예 병사는 국가에 소속된 군인이 아니고, 도방에 있는 사람들로, 최충헌의 집안은 가장 막강한 무력을 지녔던 것이죠. 이 도방에는 나중에 삼별초가 추가됩니다.

아울러 교정도감도 만들었는데 이곳은 원래 최충헌의 저대자들을 색출하기 위한 정보 수집과 수사를 맡은 기관입니다. 그런데 이곳이 점차 권한을 확대하면서 각종 세금을 거두어들이고, 지방 행정에도 간섭합니다. 1960~70년대 힘을 가졌던 중앙정보부와 비슷합니다.

이후 아들인 최우는 인사 행정만을 위해서 자기 집에 정방을 만들었습니다. 그는 병풍에 관료의 이름을 모두 써 놓고, 이들을 두 가지 기준에서 평가했어요. 하나는 문장 능력, 다른 하나는 행정 능력입니다. 이를 통해 상·중·하로 나누어 평가했는데, 문제는 자기 집에서 모든 것을 개인적으로 했다는 것에 있죠.

최충헌은 이렇게 다양한 기구를 만들어서 행정과 정보를 자신의 손에 쥐었어요. 마구잡이로 정치를 했던 이전의 무신 권력자들과 달랐기에 4대에 걸쳐 권력이 유지된 것입니다.

24

이규보가
최씨 정권에서
출세한 까닭은?

이규보는 최씨 정권에서 가장 출세한 문장가입니다. 특히 시를 잘 지었는데, 당시 시인들은 이규보의 시를 이렇게 평가했습니다. "기상이 굳세고 말이 웅대하여 창출한 뜻이 새롭고 기이하다." 그런데 이규보는 어떤 이유로 최씨 정권에서 출세할 수 있었을까요?

이규보는 무신 정변이 일어나기 2년 전인 1168년에 태어났습니다. 아버지는 중간 계급의 관리였어요. 이규보는 벌써 11세 때 한문으로 된 시를 지을 수 있었죠. 그래서 아버지는 당시 제일 유명한 사립 학교에 이규보를 입학시킵니다.

이규보는 이곳에서 치르는 여름 모의고사, 즉 하과에서 매번 일등을 합니다. 이 시험은 절에 가서 선배들이 시험 문제를 내고 치르는 것인데, 시간제한을 위해 초에 금을 그어 놓습니다. 다른 학생들은 모두 이규보가 나라에서 보는 과거 시험에서 수석 합격할 것으로 생각했지만 결과는 불합격이었어요. 3번이나 떨어지자 이규보는 자존심이 매우 상했죠. 결국 4번째 과거 시험에 장원으로 합격했어요.

그런데 과거 시험 합격 후에 잘나갈 줄 알았던 그의 앞길은 순탄치 않았어요. 고려 시대에는 시험 문제를 출제한 고시관과 합격생 사이에 특별한 관계가 생깁니다. 고시관은 정치적으로 합격생을 끌어 주고, 합격생은 고시관을 마치 아버지처럼 생각했죠.

그런데 이규보의 고시관은 일찍 사망했고, 아버지 역시 이규보의 나이 24세에 돌아가셨어요. 인생의 허망함을 느낀 이규보는 흰 구름처럼 떠다닌다는 뜻의 백운거사를 별명으로 짓고, 산속에 들어갔지요.

그러다가 2년 뒤에 이규보는 속세로 돌아와 장관들에게 자기 소개서를 돌렸습니다. 또한 고구려를 세운 주몽, 즉 동명왕에 대한 전기를 시로 썼어요.「동명왕편」이라는 유명한 글인데, 이 속에는 지금은 없어진 옛『삼국사』라는 책의 내용이 일부 나옵니다. 하지만 이규보는 관료로 취업하지 못하였어요. 당시에는 과거 합격자가 많아져서, 관직을 받을 때까지 15년을 기다리는 경우도 있었다고 합니다.

그러다가 간신히 32세에 전라도 전주에 서기로 부임하게 됩니다. 이규보는 여러 지역을 시찰하고, 목재를 구하는 벌목 현장에 다녀오기도 하는 등 열심히 근무했어요. 하지만 그의 상관과 관계가 좋지 않아 해고가 됩니다. 다시 개경에 돌아왔지만 벼슬을 얻지는 못했죠. 살림살이는 나날이 줄어들어 먹을 것이 없을 정도였답니다.

40세가 된 그에게 다행히 임시로 벼슬이 주어졌어요. 글을 짓는 관청인 한림원에 들어간 것입니다. 그러다가 몇 년이 지나서 인생을 바꿀 기회가 생깁니다. 최충헌의 아들인 최우가 잔치에서 아직 낮은 벼슬의 이규보를 불러, 그의 문장을 시험해 본 것입니다. 최우는 이규보를 아비지 최충헌에게 소개했고, 최충헌은 그를 불러 마침 뜰에서 오가는 공작을 소재로 시를 짓게 한 후에 감탄을 하고 1품을 올려 줍니다.

"뛰어난 문장 실력, 이를 알아본 권력자와의 만남"

이규보는 52세에 탄핵을 당해 파직되었다가 다시 지방관으로 복귀합니다. 그리고 다음 해 최충헌이 죽고 아들인 최우가 권력을 잡자 상황은 완전히 바뀝니다. 이후로 그는 고속으로 출세를 하게 되지요. 이규보는 외교 문서는 물론이고, 정부에서 필요로 한 각종 글을 지었습니다.

물론 중간에 한 번 전라도의 섬으로 유배를 갔었지만, 결국 재상까지 승진하게 되었죠. 이 모든 것이 그의 뛰어난 문장 실력을 알아본 권력자 최우 덕분입니다. 그의 글은 지금 『동국이상국집』, 즉 동쪽 나라의 이씨 성을 가진 재상의 문집이란 이름으로 방대한 분량을 자랑합니다.

25

만적이
노비를 없애자고
외친 까닭은?

만적은 노비입니다. 노비란 원래 남자 종(노)과 여자 종(비)을 합친 말입니다. 만적은 이러한 노비를 고려에서 없애자고 주장한 사람입니다. 이런 외침은 그 이전은 물론 이후에도 나오지 않았습니다. 그는 어떻게 해서 노비를 없애자고 했을까요?

 고려 시대 때 노비가 된 경로는 다양합니다. 후삼국이 서로 싸움을 하던 고려 초기만 하더라도 적을 포로로 잡아 노비로 삼았어요. 그런데 통일 이후에는 전쟁이 사라지면서 그때부터는 범죄, 특히 반역죄와 같은 경우에 죄인은 처형되지만 가족이나 친족은 노비가 되었죠.

하지만 노비가 되는 가장 많은 경우는 집에 돈이 없어서 빚을 많이 졌을 때입니다. 농사를 지어 빚을 갚아야 하는데, 그해 가뭄이나 홍수 등 여러 이유로 수확이 좋지 않으면 빚을 갚기 어렵겠지요. 이런 일이 계속되면 최후에는 자신을 종으로 파는 경우가 생기게 됩니다.

물론 고려 말에는 양민을 억지로 노비로 만드는 경우도 있었어요. 권력자가 땅을 넓히면, 그다음에는 경작을 할 사람이 있어야 합니다. 이를 위해 양민을 억지로 자신의 노비로 만듭니다. 이 경우에 노비가 된 사람은 억울하여 소송을 하지만 권력자는 자신의 권력을 이용하여 소송에서 이기는 경우가 많았답니다.

고려 후기에 이런 이야기가 전해집니다. 어느 권력자가 양민을 억지로 종으로 삼자, 이 양민이 고소를 하였어요. 당시 재판관들은 양민의 억울한 사정을 알면서도, 권력자의 세도가 무서워 권력자가 이기게 판결합니다. 그런데 어떤 사람이 밤에 날카로운 칼이 하늘에서 내려와 재판관들을 내려치는 꿈을 꾸었는데 다음 날 재판관들이 하나씩 죽었다는 겁니다. 이 이야기는 억울한 사정이 많았던 당시 사람들의 소망을 보여 줍니다.

고려 말에는 스스로 노비가 되는 경우도 있었어요. 깜짝 놀랄 일이겠지만, 이 시기 상황 때문에 그렇습니다. 양민이 땅을 경작해서 내는 세금을 여러 곳에서 받아 가니 손에 남는 게 없어 살기가 어려웠죠. 또 홍건적이나 왜구의 침입 등으로 인해 전쟁이 계속되니 군대에도 가야 했고요. 노비는 원래 군대에 가지 않아도 됩니다. 군대에 가서 목숨을 잃는 것보다 힘 있는 권세가를 주인으로 섬기는 노비가 되는 길을 택하는 것입니다.

그렇지만 노비 가운데 자신의 운명을 바꾸려는 사람도 생깁니다. 무신 집권기에 개인 노비였던 평량은 권력자에게 뇌물을 주고 노비 신분에서 벗어났어요. 무신 집권기라는 혼란기여서 가능한 일이었을 것입니다. 여기서 끝났으면 역사 기록에 남지 않았을 거예요.

평량은 명예직이지만 벼슬도 받았습니다. 그런데 그의 아내는 왕원지라는 사람의 종이었어요. 왕원지는 집이 가난해지자 가족을 데리고 평량의 집에 왔어요. 평량은 이들을 잘 대접한 후에 개경으로 돌아가라고 권합니다. 그리고 이들이 돌아가는 길에 비밀리에 죽였어요. 자신의 아내를 종에서 면하게 해 수려고 말이지요.

평량의 아들은 군대의 장교가 되었고, 관료의 딸을 아내로 맞이하였어요. 이게 가능했던 것은 평량이 농사를 잘 지어서 부자가 되었기 때문입니다. 그런데 비밀은 오래가지 못했고, 누군가 이들을 질투해서 고발합니다. 하지만 살해 증거는 없었기에 평량은 유배를 갔습니다.

"누구나 장군도 되고 재상도 될 수 있다"

무신 집권기에는 노비 신분이거나 그에 가까운 사람들이 권력자로 변신하는 일이 많아졌어요. 최충헌이 권력을 잡은 이후 만적은 6명의 종과 함께 개경 뒷산에 나무를 하러 갔어요. 만적은 이때 여러 노비를 불러 모아 "장군과 재상이 무슨 씨가 따로 있는가. 때가 되면 누구나 할 수 있다. 어째서 우리들만 뼈 빠지게 고생하며 매질 아래 곤욕을 당하는가?"라고 선동을 하였죠.

노비들이 동조하자 누런 종이 수천 장을 잘라서 글자를 새겨 자신의 편이라는 것을 알리는 표식으로 삼았어요. 그리고 자신들이 흥국사란 절에 모여 북 치고 소리를 지르면 궁궐 내의 환관들이 호응하고, 관청 노비들도 궐기할 것이라고 했죠. 모두 자기의 상전을 죽인 다음 노비 문서를 불태우면 노비가 없어질 것이라고 했고요.

하지만 만적의 궐기는 뜻대로 되지 않았어요. 막상 약속한 날에 모인 노비는 수백 명밖에 안 되었죠. 너무 사람이 부족해서 다시 모이기로 약속합니다. 하지만 이 비밀이 오래갈 리가 없습니다. 한 관료의 노비가 이를 주인에게 알리자, 그 주인은 최충헌에게 바로 보고합니다. 결국 만적 등 100여 명이 처형당하는데 이것이 바로 유명한 '만적의 난'입니다. 이렇게 노비의 첫 번째 반란은 실패로 끝납니다.

40년 동안
몽골에 맞서
저항하다

부처님의 힘으로!
팔만
대장경

1231~1270년

1236~1251년

몽골에 맞서
싸운 삼별초,
끝내 무너지다

1273년

원에 빌붙은
권문세족
성장

원의 내정 간섭,
정동행성
설치

1280년

1274~1351년

5장

몽골의 침입과 정치적 간섭

26

팔만대장경은
몽골의 침략을 막는 데
도움이 되었을까?

팔만대장경은 정식 이름이 '해인사 대장경판'이며, 합천 해인사에 보관되어 있는 세계 문화유산입니다. 팔만대장경이라고 부르는 이유는 불교 경전을 찍을 수 있는 경판의 수가 81,258개이기 때문입니다. 고려 왕조는 부처님의 힘으로 몽골의 침략을 막으려고 팔만대장경을 만들었지요.

몽골군은 1231년 처음 고려에 쳐들어왔습니다. 고려는 완강히 저항했지만 강력한 몽골군을 막아 내기는 역부족이었어요. 그리고 다음 해 또다시 침입한 몽골군은 대구 부인사에 보관되어 있던 대장경판을 모두 불살라 버렸죠.

부인사에 있던 대장경판은 고려 현종 때 거란의 침입 당시 만들어진 것입니다. 즉 거란의 침입을 부처님의 힘으로 막겠다고 벌인 사업이지요. 흔히 초조대장경이라고 하는 이 대장경판은 거의 70여 년이 걸려 완성되었어요.

고려 사람들은 대장경을 만드는 일이 거란 침략을 막는 데 효과가 있다고 믿었어요. 왜냐하면 개경까지 함락된 아찔한 경험과 절망 속에서, 백성의 희망을 담은 일이었기 때문입니다. 이후 강감찬의 활약 등으로 거란 침략을 물리치게 되었는데 이것이 모두 부처님의 도움 때문이라고 믿었던 거지요.

몽골의 침략으로 불타 버린 대장경판을 보고, 고려 사람들은 크게 실망했을 것입니다. 몽골과의 전쟁에서 이기려면 부처님의 힘을 빌려야 한다고 보았죠. 이규보가 쓴「대장각판을 새기는 일에 대한 기원문」에는 이런 심정이 잘 나타납니다. 그는 몽골군이 짐승보다 잔혹하다면서, "윗대로부터 이어 온 수십 년의 공적이 하루아침에 없어지고 나라의 크나큰 보배를 순식간에 잃고 말았습니다. 비록 여러 보살님과 하늘의 임금님이 아무리 대자대비한 마음을 가지고 계신다고 한들 이렇게 못된 짓이야 어떻게 참을 수 있겠습니까? … 모든 부처님과 성현 및 삼십삼천께서 이 간절한 기원을 들으시고 신통의 힘을 내려 주십시오. 저 추악한 오랑캐 무리의 발자취를 거두어 멀리 달아나 다시는 이 강토를 짓밟지 못하게 하옵소서."라고 했습니다.

"팔만대장경의 몇 가지 미스터리"

당시 고려의 집권자인 최우가 부처님의 힘으로 침략을 막는 것이 가능하다고 보았는지는 확인할 수 없습니다. 현실과 신앙은 다른 문제이니까요. 하지만 국론의 분열을 막고, 대장경을 만드는 과정에서 필요한 물자와 인력 동원은 나라의 운영에 도움이 됩니다.

현재 팔만대장경이 어느 장소에서 만들어졌는지는 정확히 알려져 있지 않습니다. 또 경판이 될 나무를 바닷물에 3년 동안 담가 두어 썩고 벌레 먹는 것을 막았다고 하는데 실제로 그랬을 것 같지 않습니다. 바닷물의 염분 농도는 3.5퍼센트 정도로 나무가 썩지 않게 하는 데에는 부족한 편입니다.

실제로 남해 앞바다에 나무를 3년 동안 담가 둔 후에 바닷물이 스며든 깊이를 조사했어요. 하지만 나무껍질 아래로는 바닷물이 거의 들어가지 않았죠. 아무래도 팔만대장경의 가치를 높게 평가하면서 나온 전설인 듯합니다. 다만 소금물로 삶은 것은 사실입니다. 이렇게 하면 경판이 뒤틀리지 않고 조각하기도 쉬워지기 때문입니다.

요즘에는 대장경판이 강화도에서 해인사로 옮겨졌다는 사실도 과학적으로 의심을 받고 있습니다. 그 이유는 경판을 옮기면서 생기는 여러 흔적들을 찾을 수 없기 때문입니다. 이처럼 팔만대장경에는 아직 미스터리한 부분이 많습니다. 하지만 문화유산으로서의 팔만대장경의 가치는 누구도 의심할 바 없이 큽니다.

27

수도를
강화도로 옮긴 것이
효과가 있었나?

최씨 정권은 몽골이 처음 침략했을 때 일단 강화 조약을 맺습니다. 몽골은 고려를 통치하기 위해 행정관(다루가치)을 남겨 놓고 철수를 합니다. 하지만 권력가 최우는 수도를 강화도로 옮긴다는 커다란 결심을 하게 됩니다. 강화도는 섬이라서 바다를 본 일이 없는 몽골 병사를 막는 데는 효과적이지 않았을까요?

 몽골과 강화를 한 후에 고려 조정의 고민은 깊어 갔습니다. 일단 강화를 했지만 몽골의 요구는 많았어요. 수달 가죽 1,000장을 바치라고 하고, 기술자를 보내고, 국왕과 왕실 및 고위층의 자녀 1,000명을 보내라고 하였죠. 게다가 몽골 사신은 제대로 접대를 못한다고 고려 관리를 몽둥이로 때려서 죽이기까지 했어요.

고려 조정에서는 몽골에 대해 강경하게 대처해야 하고, 그러기 위해 수도를 옮겨야 한다는 의견이 나왔어요. 물론 이런 생각에 반대하는 관료들이 더 많았죠. 몽골에 대한 사대는 어쩔 수 없다면서, 천도하면 변방의 백성들이 적의 칼날에 죽고 노약자는 적의 노예가 될 것이라고 주장했어요. 다시 말해 천도를 하면 계속 몽골에 항쟁을 한다는 뜻이고, 그러면 힘없는 백성들만 피해를 보게 될 것이라는 말입니다.

또 다른 관료들은 무조건 옮기는 것 자체를 반대했어요. 이들은 가구 수가 10만 호에 이르고, 호화로운 집이 많은 개경을 버리기 싫어하는 사람들입니다. 그리고 일부는 개경이 수도이기 때문에 이를 방어해야 한다고 주장했지요.

궁궐에서 논의를 끝내지 못한 최우는 이 문제를 자신의 집에서 다시 토론하게 됩니다. 이때 삼별초 장교인 김세충이 문을 밀치고 들어와 항의합니다. "개경은 태조 이래 200여 년을 지켜 온 곳입니다. 성이 견고하고 군사와 양식이 풍족하기 때문에 힘을 모아 지켜야 합니다. 이곳을 버리고 어디로 가겠습니까?"

그러자 최우는 성을 지킬 방법을 묻습니다. 그가 대답을 못하자 최우의 측근들은 그를 사형시키자고 주장합니다. 용감하게 의견을 낸 김세충은 죽게 됩니다. 이후로 누구도 감히 강화도 천도에 대해 반대 의견을 내지 못합니다.

최우는 자신의 재물을 옮기기 위해 수레를 100여 대 동원하고, 개경 시내에 방을 붙입니다. 함께 옮기지 않으면 군법에 따라 처리할 것이라는 협박을 했지요. 아울러 전국에도 사람을 보내 백성들이 산성과 섬으로 들어가도록 합니다. 이것은 적들이 몰려왔을 때 식량이나 보급품이 될 수 있는 것들을 불태우고, 필수품만 가지고 도피하는 작전입니다.

몽골군은 처음에는 가을 추수기에 침략하였다가, 봄이 되면 돌아갔습니다. 이 때문에 고려 정부는 이들의 보급을 막고 백성들의 피해를 줄이는 방법을 생각해 낸 것입니다. 여러분이 강원도 설악산에 가면 신흥사란 절에 도착하기 전에 케이블카를 탈 수 있는 곳을 만납니다. 케이블카는 저 멀리 산봉우리를 향해 올라가는

데, 그곳의 이름은 '권금성'입니다. '성'이라곤 하지만 현재는 성을 쌓은 모습은 없습니다. 고려 정부가 백성들을 대피시키는 곳이 바로 이런 곳입니다. 몽골군은 그냥 지나칠 가능성이 크겠지요. 물론 충주성 같은 교통의 요지는 그냥 지나가지 않겠지만요. 섬에 들어가는 일도 마찬가지여서 배가 없는 몽골군은 현지에서 구해야 했지요.

"고려인 포로가
20만 명이 넘었다니…"

하지만 몽골군도 점차 전략을 바꿉니다. 배를 준비하고, 과거와 달리 한 번 지나가는 것이 아니라 땅을 점령하는 방식입니다. 그래서 30년 가까이 치른 전쟁 중에 마지막 침략 때에는 20만 명이 넘는 고려인 포로가 생깁니다. 이 포로들은 만주 지역으로 끌려가 팔리거나, 몽골군 아래에서 각종 사역에 시달리게 되지요.

강화도로 수도를 옮긴 것은 항쟁을 계속하는 데 도움이 되긴 했지만 그만큼 백성들의 희생도 컸지요. 몽골과의 강화와 항쟁은 어느 쪽도 옳고 그른 것이 아닌, 장단점이 모두 있습니다. 그래서 역사의 평가는 어렵습니다.

삼별초는 정말
몽골에 맞서기 위해
반란을 일으켰나?

삼별초는 고려 정부가 30년 가까운 전쟁을 끝내고 몽골과 강화를 맺게 되자 이에 반발해서 몽골군과 맞서 싸우기로 합니다. 그런데 삼별초는 몽골에 계속 대항하기 위해 항쟁을 일으킨 걸까요? 아니면 자신들의 사회적 특권을 잃게 될 것에 대한 두려움으로 반란을 일으킨 걸까요?

 삼별초가 처음 만들어진 것은 도적들 때문입니다. 최씨 정권 하에서도 도적들이 많았어요. 살기 어려운 농민이 도적이 되기도 하고, 또한 반란을 일으키기도 하던 시대였기 때문이죠. 예를 들면 개경에 수정봉이란 산봉우리가 있었는데 길이 한적하고 외졌어요. 이곳에서 불량배 5~6명이 숨어 있다가 여자가 지나가면 겁탈을 하고 재물을 빼앗았죠. 정국검의 집이 근처에 있었는데, 하루는 그런 일이 벌어지자 하인들과 같이 추격을 했어요. 막상 잡고 보니 불량배들이 모두 힘 있는 무신 집안의 아들과 친척이었다고 하네요.

그래서 최우는 이런 도적들을 막기 위해 일종의 경찰 조직을 만들었는데 밤에 돌아다닌다고 해서 '야별초'입니다. 이후 이 조직이 확대되어 좌, 우별초가 되었고, 몽골에서 도망쳐 온 사람들을 신의군이라고 이름을 붙였어요. 이 세 개를 합쳐 삼별초라고 합니다. 원래 별초라는 말은 따로 뽑았다는 뜻으로, 군인이나 일반인 중에서 특별한 임무를 위해 뽑힌 부대라는 것입니다.

삼별초는 평소에는 도적이나 반란을 막는 최씨 집안의 병사였죠. 몽골군이 쳐들어오면 나가서 진투를 벌였고요. 그러니까 삼별초는 최씨 가문의 명령을 수행하는 단결력 강한 집단이었죠.

문제는 최씨 가문이 몰락하고, 새로운 권력자인 김준이 등장했을 때 나타났어요. 최씨 가문에 충성했던 심복과 새 권력자에게 붙은 사람들이 나누어지게 된 거예요. 얼마 뒤 김준이 임연에 의해 죽게 되는 등 권력 변화에 따라 삼별초는 더욱 혼란스러워졌어요.

몽골과 고려의 강화가 이루어지면서 고려 정부는 다시 개경으로 돌아가려 했어요. 그러자 삼별초는 미래를 의심하기 시작했죠. 만약 돌아가면 자신들이 계속 군인 노릇을 할 수 있을까? 혹시 몽골군이 자신들을 죽이지는 않을까? 이런 의심과 소문이 끊임없이 내부에서 생겨났어요. 분명한 것은 사냥이 끝나면 사냥개를 없애듯이 자신들의 역할은 끝났다는 것, 그리고 이제부터 자신들의 사회적 특권도 없어지리라는 사실입니다.

"삼별초 항쟁의 역사적 의미는 다양하다"

결국 삼별초를 해산하겠다는 명령이 내려오자, 이들은 무기를 듭니다. 강화도 포구에서 사람들을 배에서 내리게 하고, 항구를 봉쇄합니다. 물론 현준혁 같은 사람은 가족과 함께 작은 배를 타고 도망칩니다. 그는 쫓아오는 삼별초군에 화살을 쏘면서 저항했지만 결국 생포됩니다.

강화도를 점거한 삼별초는 승화후 왕온을 국왕으로 내세우고, 새 정권을 세웠습니다. 그리고 만 척의 배를 동원하여 서해안의 섬을 점거하면서 70여 일을 떠돌다가 진도로 들어갑니다. 진도에서 새롭게 궁궐을 세운 후에 남해안과 전라도 일부를 장악했지요. 하지만 삼별초군은 전라도 나주를 공략하는 데 실패합니다. 나주는 태조 왕건 이래 고려 왕실과 가까운 곳이라서, 정부를 배신하지 않았지요.

삼별초 정부는 일본에 편지를 보내고 남해안 일대를 장악하려 노력했어요. 하지만 섬에 온 지 1년여 만에 고려와 몽골 연합군의 공격으로 진도가 함락됩니다. 만약 삼별초가 전라도 전주와 나주를 점령했다면, 양상과 규모가 많이 달라졌을 거예요. 사람들은 이런 경우에 눈치를 보다가 유리한 측에 협조하게 마련이죠. 나주 공략이 실패하자 전라도 지역의 민심은 정부군 쪽으로 돌아섭니다.

결국 삼별초는 진도를 떠나 제주로 옮겨 갑니다. 제주에 있던 고려 정부군은 전멸했지만 삼별초 부대도 3~4천 명 정도로 줄었습니다. 이들은 주로 전라도 해안에서 세금을 운반하던 배들을 공략했어요. 몽골은 일본 원정을 준비하기 시작하면서, 제주도를 공격합니다. 1273년 160척의 배에 탄 1만 명의 고려와 몽골, 중국 한족 연합군은 제주도에 상륙하였고, 삼별초 항쟁은 끝나고 맙니다.

이 항쟁의 역사적 의미는 다양합니다. 당시 삼별초에 참여했던 수많은 사람들의 이야기는 단순히 민족이나 계급과 같은 잣대로 보기에 무리가 많습니다.

원과 고려는 왜 일본까지 원정을 갔을까?

1274년 마산을 출발한 몽골과 고려군은 일본 큐슈 지역에 상륙했어요. 원정군은 일본 군과의 전투에서 승리했지만 예상치 못했던 태풍이 몰아쳐 많은 배가 침몰하였고, 결국 다시 마산으로 돌아와야 했지요. 원은 한 차례 더 일본을 원정하였고, 고려 역시 참여해야 했어요. 원과 고려는 도대체 무슨 이유로 일본까지 원정을 갔을까요?

 몽골의 쿠빌라이는 왕위 계승전에 성공한 이후 1271년 나라 이름을 '원'이라는 중국 왕조로 바꾸었어요. 원 세조가 된 쿠빌라이는 일본에 사신을 보내 조공을 바치라고 했죠. 하지만 일본은 이를 거부했고 원 세조는 일본 침략을 결정합니다. 원 세조는 고려를 일본 원정에 이용하려고 했는데 만약 고려가 협조를 하지 않는다면 진정한 항복이 아니라는 것을 알 수 있을 것입니다. 더구나 과거 고려와 일본은 우호적이라서 이 기회에 원수 관계로 만들고 싶었죠. 그러면 서로 간에 견제가 될 것이란 계산도 있었고요.

원 세조는 일본 원정을 위해 삼별초가 점거했던 제주도를 먼저 손아귀에 넣었어요. 이후 제주도는 원이 직접 다스리는 땅이 되었죠. 원은 이곳에 말을 기르는 목장을 크게 만들었어요. 그래서 지금 제주 말이 몽골 말과 비슷하죠.

원 세조는 일본 침략을 위한 준비에 들어갑니다. 무엇보다 배가 많이 필요해서 배를 만들기 위해 목재를 베어 내는 작업이 전라도 부안에서 이루어졌어요. 작업에 동원된 많은 백성들이 무척이나 힘들어했지만 결국 전함 900척이 완성되었어요.

"남의 전쟁에 동원된
고려 백성들"

선발대로 원나라 군인 1,500명과 일본 원정을 책임질 장수 홀돈이 고려에 왔습니다. 원정군은 몽골과 중국 한족이 25,000명, 고려군이 8,000명 동원되었어요. 뱃사공은 모두 6,700명인데 이들은 대부분 고려 사람이었죠. 여기에 필요한 식량과 물자의 상당 수도 고려에서 동원되었어요. 원래 몽골족은 점령지의 사람을 군인으로 편입하고, 물자를 징발하여 다음 원정에 이용하는 특징이 있어요.

원정군은 1274년 마산을 출발하여 먼저 쓰시마섬을 공략한 후에 10일 뒤에 일본 이키섬을 점령합니다. 이후 큐슈 지역에 접근한 원정군은 하카다 등지에 상륙하였어요. 일본군의 저항도 만만치 않았지만 몽골과 고려군의 공격은 거셌습니다.

당시 일본의 기록에는 몽골이 큰 징과 북을 두들겨 신호를 하자, 그 소리가 엄청나서 일본 말들이 놀라서 날뛰었다고 하네요. 이때 화살이 날아오는데 화살촉의 독으로 인하여 맞으면 중상을 입었답니다. 몽골과 고려군은 일본군이 공격해 오면 중앙에 몰아넣은 다음에 포위하였어요. 그야말로 일본군은 정신없이 싸우다가 패배하였던 것이죠. 결국 일본군은 최후 빙어신인 미즈키성으로 퇴각합니다.

몽골과 고려군은 일본군이 혹시 밤에 기습하지 않을까 염려했어요. 그래서 하카다만에 정박한 군함으로 철수합니다. 두 나라 지휘관은 일본과 전투를 계속할 것인가를 놓고 의견이 갈렸지요.

이런 상황에서 하카다만에는 태풍이 들이닥칩니다. 커다란 소용돌이와 큰 파도는 두 나라 연합군의 배를 집어 삼켰어요. 하룻밤 사이에 900여 척의 군함 가운데 200여 척이 침몰될 정도였죠. 보급도 부족한 상황에서 치명타를 크게 입은 것입니다. 이 때문에 원래 철군을 주장한 원나라 사령관의 견해에 따라 고려로 철수하게 됩니다.

하지만 일본 원정은 이것이 끝이 아니었습니다. 1279년 남송 정벌이 끝나자, 원 세조는 바로 일본을 다시 정벌하려고 합니다. 또다시 고려에 군함 900척을 만들게 하고, 중국에서도 엄청난 규모로 군함과 군인을 준비합니다. 그 결과 몽골군은 15,000명, 고려군은 10,000명이 다시 조직되고, 그 외 병력까지 전체적으로 42,000명의 군인이 동원되었어요. 그뿐 아니라 항복한 남송 지역의 군인 100,000명이 나서게 됩니다.

하지만 이번에도 태풍이 불어왔습니다. 이 때문에 또다시 원정이 실패하게 됩니다. 일본은 두 번의 태풍을 모두 신이 보내 준 것이라고 해서 '가미카제'라고 부릅니다. 자신의 나라를 구했다는 뜻이고, 이 이름이 나중에 태평양 전쟁 당시 비행기를 탄 자살 특공대에 붙여지게 되지요.

일본 원정은 원 세조의 개인적 야심에서 시작된 것입니다. 세계 최강국이라는 자존심과 끝없는 정복욕이 낳은 비극이기도 합니다.

30

충렬왕이 부인에게 몽둥이로 열어맞은 이유는?

원은 과거 중국 왕조와 다르게 고려에 대해 정치적으로 간섭을 하고, 고려 국왕을 직접 골라서 임명했어요. 더구나 국왕이 죽은 뒤에 업적에 따라 이름을 붙이는데, 원은 고려 국왕에게 '충성할 충' 자를 넣어서 지었죠. 이제 고려는 확실히 원의 제후국이 된 것입니다. 그런데 고려의 25대 왕인 충렬왕은 무슨 일로 부인에게 얻어맞았을까요?

고려 왕실은 무신 집권기 내내 억눌려 있어야 했습니다. 국왕의 존재는 거의 허수아비였고, 무신 권력자의 말에 따라 정치를 해야 했죠. 그래서 무신 정권이 무너지면서 국왕은 국왕의 권력과 왕실을 강하게 만들기 위한 아이디어를 냈어요. 그것은 바로 고려 왕실과 원 황실 간에 혼인을 한다는 거죠.

이 아이디어는 원 세조가 된 쿠빌라이가 황제 자리를 놓고 전쟁을 벌이던 시절에 나왔어요. 충렬왕의 아버지인 원종이 태자 시절에 쿠빌라이를 만나 원 황실과의 혼인을 이야기했죠. 쿠빌라이는 이를 승낙했지만, 막상 황제가 되고 나자 실행하지 않으려 했어요.

고려 왕실은 끈질기게 혼인을 요청하였어요. 결국 원 세조는 자신의 딸 중에서 한 사람을 보내기로 결심을 합니다. 여기에는 일본 원정 때 고려의 협조를 기대하는 이유도 있었고요. 고려 왕실에서는 처음으로 외국 여성과 국제결혼을 하게 된 셈입니다.

원 황실의 공주와 첫 번째로 결혼했던 왕자가 바로 충렬왕입니다. 충렬왕은 1274년 원에 가서 제국 대장 공주와 결혼을 하였어요. 그리고 원종이 죽자 왕위를 계승하기 위해 먼저 고려에 왔지요. 얼마 뒤 충렬왕은 왕비가 된 공주를 맞이하기 위해 평안도까지 갑니다.

"왕보다 권력이 센 무시무시한 원나라 공주"

공주가 아들을 낳자 왕족과 관리들이 축하를 하기 위해 갔습니다. 그러자 공주를 시중들던 사람들이 문 입구에 서서 들어오는 사람들의 옷을 모두 벗겼어요. 이른바 몽골식 풍속인 '설비아'입니다. 아마도 갓난아이에게 옮기는 병균을 막기 위해 옷을 벗기는 것이 풍속이 된 모양입니다. 그래도 왕족과 고위 관리들은 처음 당하는 일에 무척이나 창피했을 것입니다.

공주가 누구입니까? 원 세조의 딸이니까 그만큼 권력도 컸고, 권력이 센 만큼 문제가 생깁니다. 개경에 도착한 공주가 눈독을 들인 물건이 있었는데, 그것은 왕실이 만든 절인 흥왕사의 황금 탑이었어요. 공주는 탑을 녹여서 황금을 쓰려고 했기 때문에 이 탑을 대궐로 들여놓았죠. 충렬왕은 이를 못하게 했지만 공주는 말을 듣지 않았어요. 충렬왕은 어찌하지 못해서 그냥 울기만 했습니다.

그런데 충렬왕이 병이 들었고 위독한 상태가 되었어요. 그러자 재상들이 공주에게 건축 공사를 중지하고 사냥하는 매를 놓아주자고 요청합니다. 공주는 몽골식 풍속에 따라 매 사냥을 좋아했고, 이를 위해 백성들에게 매를 바치도록 했어요. 또한 응방이라는 이름의 관청까지 만들었죠. 응방에 있던 몽골과 고려인은 권력을 이용하여 백성들에게 못된 짓을 하였어요. 매에게 먹인다고 닭과 가축을 함부로 가져가고, 세금을 더욱 많이 거두었습니다.

재상들은 백성의 원망이 줄면 하늘의 기운이 조화롭게 되고, 왕의 병에도 좋은 영향을 줄 것이라고 생각했어요. 그뿐 아니라 재상들은 기도를 정성스럽게 해야 한다면서, 흥왕사에 황금 탑을 돌려주도록 하였죠.

충렬왕이 병이 어느 정도 나아 천효사란 절로 거처를 옮기려 하였어요. 이때 왕이 먼저 절이 있는 산 아래에 도착했는데, 공주가 뒤따라왔어요. 그런데 공주는 자기 수행원이 적어 화가 나 있었습니다. 충렬왕이 급하게 와서 공주 수행원들이 미처 따라오지 못한 탓입니다. 화가 난 공주는 돌아가자고 하면서, 몽둥이를 들고 충렬왕을 때렸어요. 충렬왕도 쓰고 있던 모자를 던지면서 화를 내자, 공주가 좀 누그러졌죠. 결국 목적지인 천효사에 도착했는데, 이번에도 충렬왕이 자신을 기다리지 않고 먼저 들어갔다고 욕하면서 때렸어요. 이들을 따라가던 고위 관리들은 이보다 더 큰 모욕이 없다고 한탄하였죠.

공주가 충렬왕을 때릴 수 있었던 것도 자신의 권력이 더 세다고 보았기 때문입니다. 충렬왕 이후 공민왕에 이르기까지 고려 국왕은 원나라 황실과 혼인을 했어요. 덕분에 고려 왕실은 국내에서 강해졌지만, 원에 대한 종속은 그만큼 심해졌죠. 세상의 모든 일은 양면적이고, 하나를 얻기 위해서는 다른 대가를 치러야 합니다.

31

충혜왕은
왜 직접 상점을
차렸을까?

충혜왕은 충렬왕이 증손자입니다. 이 시기 왕위 계승이 아주 이상해져서 아버지와 이들이 서로 왕위를 놓고 엎치락뒤치락합니다. 한 번 왕이 되었다가 원에 의해 물러나고, 다시 되는 일이 되풀이됩니다. 충혜왕은 아버지인 충숙왕에게 왕위를 물려받은 후에, 나중에 상점을 직접 차렸습니다. 국왕이 왜 자신의 상점을 차렸을까요?

 충혜왕은 역사책에 "성품이 호협하여 말 타고 활 쏘는 것을 좋아하였고, 재리에 밝으며 황음무도하여 여러 소인들이 뜻을 얻고, 충직한 신하들은 배척을 당하였다. 만약 바른 말을 하는 사람이 있으면 반드시 베어 죽였기에 사람들이 죄를 당할까 두려워하여 아무도 감히 말하는 사람이 없었다."라고 나옵니다. 좋은 이야기가 아니지요.

'호협'이란 말은 성격상으로 통이 크고 무예를 좋아한다는 뜻입니다. 예를 들면 국왕이 되었는데 교외에 나가서 탄환으로 사람을 맞히는 장난을 합니다. 왕이 할 짓은 아니지요. 또한 재산을 늘리는 일에 관심이 많고, 황음무도 즉 여성을 밝히는 데 도덕성이 없다는 말입니다. 특히 국왕으로 최악인 것은 충직한 신하보다 자신의 뜻만 따르는 측근을 좋아한다는 것이죠.

그런데 충혜왕이 재리, 즉 재산을 늘리는 일을 잘했다는 말에 주목해 봅시다. 그는 왕실에서 운영하던 세 군데 재단에서 포 48,000필을 내서 시장에 점포를 차립니다. 48,000필은 할아버지인 충선왕이 1년 동안 전국에서 세금으로 받은 포 40,000필과 비교해 본다면, 어마어마한 액수입니다. 그야말로 거액을 내어 상점을 차린 셈이지요.

"국왕이 돈 욕심을 내어 장사를 했다고?"

충혜왕은 삼현이라는 곳에 새로 궁궐을 건축합니다. 그런데 국왕이 직접 이 일을 감독하면서, 남의 목재를 빼앗아 짓습니다. 심지어 그는 궁궐이 완성되면 이곳을 노비로 채우기 위해 신하들에게 용모가 아름다운 여종 한두 명을 바치라는 제안까지 합니다. 이제까지 이런 국왕은 고려 왕조에 없었지요.

건축 비용은 모두 신하들에게 내게 하고, 궁궐 지붕과 문은 청동으로 장식을 합니다. 당연히 동과 철이 부족하니까, 신하와 서리까지 모두 2근씩 내도록 합니다. 그래서 전국의 동과 철을 거두는데, 여기에는 솥과 농기구까지 포함되었어요. 사람들의 원성이 커지게 되지요.

더구나 새 궁궐은 이전의 왕궁과 설계가 크게 달랐습니다. 창고 1백 칸을 곡식과 비단으로 꽉 채우고, 중간의 복도에는 채색옷을 입은 여성을 세워 두었죠. 또한 디딜방아와 맷돌을 궁궐 안에 두었는데, 이것은 모두 여성을 동원하여 일을 시키기 위함입니다.

그리고 왕실 전용 마구간을 넓히기 위해 민간의 집 100채를

헐었습니다. 국왕이 말을 이곳에서 기르겠다는 뜻입니다. 여기서
기르는 말은 승마할 때도 쓰였지만, 수레에 매여 이용되었지요.
당시 세금을 운반하는 수레가 매일 100대씩 사용되었기 때문이
에요. 그뿐만 아니라 국내에서 장사를 하기 위해 이용되기도 했을
것입니다.

충혜왕은 국내에서 장사하는 것만으로도 부족했던 모양입니
다. 그는 세자 시절에 원에서 주로 회회족 소년들과 어울려 다녔
어요. 회회족은 중국의 신장 자치구부터 시작하여 중앙아시아에
걸쳐 살며 이슬람교를 믿는 민족입니다. 동서양 중간에 위치한 덕
분에 이들은 동서 무역의 중개자 역할을 했지요.

충혜왕은 이들과 교류하면서 국제 무역에 대해 눈을 뜬 것 같
아요. 그래서 이들에게 포를 빌려주고 이자를 받는 한편, 송아지
고기를 바치게 하였죠. 또한 신하를 시켜서 포 20,000필과 금, 은,
초를 가지고 중국에 가서 무역을 하게 했어요.

이런 일들과 여러 문제로 인해 충혜왕은 재위 6년 만에 원에
의해 물러나게 됩니다. 원은 사신을 보내 마중 나온 국왕을 납치
하듯이 원으로 데리고 갔어요. 충혜왕은 유배를 가는 도중에 중국
에서 사망합니다. 일설에는 독살당했다는 이야기도 있고, 귤을 먹
다가 죽었다는 설도 있어요. 하지만 아무도 그의 죽음을 슬퍼하지
않았죠.

지도자는 권력을 스스로의 이익을 위해 써서는 안 됩니다. 충

혜왕이 국왕답지 않았던 이유입니다. 국왕이 스스로의 이익을 위해 상점을 차렸다는 것은 곧바로 정치를 하지 않겠다는 뜻이 됩니다. 자신의 이익만을 추구하는 지도자가 많을 때, 나라가 망하게 됩니다.

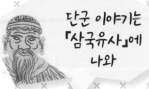
단군 이야기는
『삼국유사』에
나와

세계에서
가장
오래된
금속 활자본

1281년

1377년

불교, 유교, 도교 등
다양하게 공존

신비한
아름다움을 지닌
고려청자

6장

불교문화와
개혁

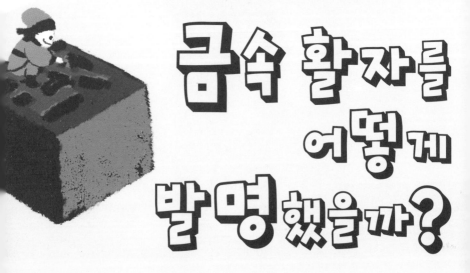

32

금속 활자를
어떻게
발명했을까?

20세기까지 최고의 발명품으로 구텐베르크의 인쇄술이 종종 꼽힙니다. 우리는 구텐베르크보다 훨씬 앞서 금속 활자를 발명해 냈지요. 고려가 금속 활자를 발명한 이유는 무엇 때문일까요? 그리고 금속 활자는 어떤 의미를 지니고 있을까요?

중국 한나라는 방대한 영토를 유지하기 위해 행정을 발달시켰습니다. 그 결과 행정을 처리하기 위한 문서가 많아졌죠. 이때까지 문서와 책은 대나무를 쪼갠 죽간이나 비단을 이용해 만들어졌어요. 하지만 죽간은 썩기도 하고, 죽간을 연결한 끈이 잘리는 경우가 많았어요. 무엇보다 부피가 너무 커서 불편하였지요. 반면 비단은 가격이 비싸서 귀족이 아니면 사용할 수 없었답니다. 그래서 나무껍질과 삼베 등을 짓이겨서 펄프를 만든 후에 이를 다시 체로 걸러서 만든 종이를 발명했던 것입니다. 종이는 가볍고 질기며, 오래 보관이 가능했어요. 더구나 붓으로 쓰기 좋게 부드러워서 현재까지 사용됩니다.

중국과 한국은 종이가 발명된 이후 주로 나무로 된 판 위에 글씨를 새긴 다음, 이곳에 먹을 발라서 종이에 인쇄를 하였어요. 고려의 팔만대장경이 대표적이겠지요. 그런데 이 방법은 문제가 있었습니다. 책 한 페이지마다 목판 한 개를 만들어야 하기 때문에 만드는 비용과 시간이 상당히 들었어요.

2016년 『삼국유사』 목판본을 복원하기 위한 작업을 한 적이 있습니다. 이때 목판에 새기는 분이 히루에 5줄, 총 105자를 새기는 것을 목표로 했다고 하네요. 1줄 새기는 것에 2시간이 걸리니 판본 하나를 만드는 것에 일주일 가까운 시간이 듭니다. 또한 만든 판본을 보관하는 데도 큰 공간이 필요하겠지요. 더구나 판본 하나를 잃어버리거나 판본이 썩으면 이것도 문제가 됩니다.

금속 활자는 이런 비용과 노력을 줄이려고 개발이 되었어요. 중국 송나라에는 도기나 나무로 된 활자가 있었지요. 고려의 기술자는 이런 활자들을 참고했을 것입니다. 도기나 나무로 된 활자는 아무래도 튼튼하지 않다는 걸 알아채고, 이를 개량하기 위해 금속을 이용할 아이디어를 냈을 것입니다.

금속 활자는 목판보다 비용이 적게 드는 방법이었어요. 활자를 만들고, 이를 조합해서 인쇄를 한 후에 다시 이를 풀어서, 다음 페이지를 만들었기 때문이죠. 지금 남아 있는 금속 활자는 12세기까지 거슬러 올라갑니다. 기록에는 13세기 최씨 정권 하에서 금속 활자로 된 책 28부를 찍어 낸 사실이 확인됩니다. 아무래도 대장경 목판을 만드는 일을 대부분의 기술자가 하던 상황에서, 급한 인쇄를 금속 활자로 했던 모양입니다.

현재 1377년 충청북도 청주 흥덕사에서 찍은 『직지심체요절』이라는 불경이 가장 오래된 금속 활자 책으로 인정받고 있어요. 이 책은 프랑스 파리의 국립 도서관에 보관되어 있는데, 19세기 말 한국에 왔던 프랑스인 콜랭 드 플랑시가 가져간 거예요.

"먼저 발명하는 것도 좋지만 실용화가 중요하네"

그런데 금속 활자가 고려 말 이후 출판의 대부분을 담당했던 것은 아니에요. 금속 활자는 나름대로 불편함이 있었죠. 우선 한자라는 특성 때문에 많은 활자가 필요합니다. 또 우리나라에서는 금속 활자를 만드는 구리가 잘 나오지 않고, 주로 일본에서 수입을 했어요. 이 때문에 활자를 만드는 것 자체가 쉽지 않았죠. 그뿐만 아니라 활판을 고정시키고 그 위에 종이를 놓고 인쇄하는 방식에서 큰 발전을 이루지 못했어요.

반면 구텐베르크는 활자를 고르게 제작하여 활판에 고정시키기가 매우 쉬웠어요. 또한 포도 압축기 방법을 응용하여 활판을 올렸다가 내리는 방법으로 종이를 인쇄하였죠. 잉크의 성분을 개량하여 쉽게 인쇄를 하였고요. 바로 이 점 때문에 우리나라의 금속 활자본이 가장 오래되었다는 것을 인정받아도, 인쇄술은 구텐베르크의 것을 높이 평가합니다. 이 인쇄술의 차이가 서구 유럽이 동양보다 먼저 근대 사회로 들어가게 된 원인으로 볼 수 있어요. 먼저 발명하는 것 이상으로 이를 실용화하여 널리 쓰이게 하는 것이 더 중요함을 알 수 있습니다.

33

「삼국유사」에서
처음 단군이 나온
이유는?

어떤 이는 단군 이야기를 신화라고 하고, 어떤 이는 단군이 세운 고조선이 당시 세계의 강대국이었다고 하면서 자부심을 느끼라고 합니다. 단군은 우리 민족의 상징처럼 여겨져 왔습니다. 단군 이야기는 『삼국유사』에 처음 등장하고, 『삼국사기』에는 나오지 않아요. 그렇다면 단군 이야기가 『삼국유사』에 처음 실린 이유는 무엇일까요?

 현재 남아 있는 가장 오래된 역사책은 김부식의 『삼국사기』입니다(1145년). 『삼국유사』는 그보다 136년 뒤인 1281년에 쓰였어요. 『삼국사기』가 유교적인 역사책이라면, 『삼국유사』는 불교와 민간 설화, 전설 등을 주로 다루고 있지요.

『삼국유사』를 쓴 일연은 불교 승려입니다. 일연은 1206년 경주에서 태어나 어린 나이에 승려가 되었죠. 20세에는 승려 국가 시험에 최우등으로 합격하였고, 44세에 정림사 주지가 되었다가, 78세에 최고위직인 국사를 맡았어요. 마지막에는 경상북도 군위에 있는 인각사란 절에서 지냈으며, 『삼국유사』는 일연이 말년에 쓴 책으로 봅니다.

『삼국유사』에는 재미있는 전설과 민담이 많이 실려 있어요. 예를 들면 신라 귀족 집안의 계집종인 욱면 이야기도 그런 경우입니다. 욱면은 주인을 따라 절에 갔는데 노비이기 때문에 건물 안에 들어갈 수 없었어요. 그래서 절 마당에서 승려를 따라 염불을 하였죠. 그 주인은 종의 신분을 넘는 일이라고 해서 이를 미워했고, 벌을 주기 위해 매일 곡식 두 기마니를 찧으라고 했어요.

　욱면은 초저녁에 일을 마치고 절에 와서 쉬지 않고 염불을 하였어요. 당연히 잠이 오겠지요. 그녀는 마당 좌우에 말뚝을 세우고 노끈으로 두 손바닥을 묶어 놓았어요. 흔들면서 염불을 하면 아프기 때문에 잠을 쫓을 수 있었죠. 그런데 공중에서 욱면에게 불당에 들어와서 염불을 하라는 목소리가 들렸어요. 욱면이 들어와 기도에 정진하자, 불당의 지붕을 뚫고 나와 서쪽으로 사라지면서 부처로 변했다는 것입니다.

　물론 현실 속에서 있을 수 없는 이야기입니다. 하지만 이 이야기가 주려는 교훈은 분명합니다. 신분이 높든 낮든 간에 누구나 열심히 노력하면 부처가 될 수 있다는 뜻입니다. 이 교훈은 지금은 별것 아니지만, 골품제라는 신분제가 확고했던 당시에는 엄청난 힘을 갖고 있었어요.

　일연은 역사가답게 그와 조금 다른 전설과 이후에 욱면의 주인이던 귀족이 세운 절 이야기까지 책에 실었어요. 그는 『삼국사기』보다 정확하게 자료의 근거를 써서 어느 책에서 인용했다는 것을 반드시 남겼지요. 그래서 현재는 없어진 역사책이나 기록에 대한 내용을 여기서 얻을 수 있어요.

"민족을 하나로 뭉치게 할
상징이 필요하다!"

그렇다면 처음의 질문으로 돌아가 보지요. 왜『삼국유사』에 단군 이야기를 수록했을까요? 이 질문은 그가 살았던 시대와 관련지어 생각해 보아야 합니다. 일연이 살았던 때는 무신들이 집권했던 시기이며, 몽골의 침략을 겪었습니다. 무신 집권기에 고려라는 나라에는 특별한 운동이 있었죠. 과거 신라, 백제, 고구려의 지역이었던 곳에서 벌어진 운동인데요, 그것은 바로 삼국 부흥 운동입니다. 옛날의 고대 국가를 다시 부활시키자는 운동이지요. 이것은 한마디로 고려라는 왕조를 부정하고, 지역별로 따로 나라를 만들자는 것입니다. 이 운동은 모두 실패로 끝나긴 했지만 옛 삼국의 지역민이 모두 자신끼리만 단결하고, 고려라는 나라와 민족에 대한 생각은 별로 없었음을 보여 주지요.

그런데 이들을 뭉치게 한 사건이 바로 몽골의 침략입니다. 외세의 침략은 당시 사람들에게 뭉쳐야 산다는 생각을 갖게 만들었어요. 40년 가까운 시간 동안 계속된 몽골의 침략 속에서 사람들은 하나의 민족이라는 생각을 어렴풋이 갖게 되었죠.

그래서 민족을 하나로 뭉치게 할 상징이 필요하게 되었습니다. 그것은 과거 삼국의 영웅은 될 수 없겠지요. 삼국 시대보다 앞선 고조선이 등장하고, 이를 세운 단군 이야기가 필요한 까닭이 여기에 있습니다.

지금까지도 우리는 외세에 대항하여 하나로 뭉치려는 강한 의지를 갖곤 합니다. 1997년 우리나라에 외환이 부족해 벌어진

IMF 사태 이후 하나로 뭉친 금 모으기 운동 등이 그런 예가 될 것입니다. 하지만 타인과 다른 사회에 대해 배타적이 되면 안 되지요. 단군의 홍익인간 이야기가 새롭게 해석될 여지는 이런 부분에 있습니다.

34

성리학자들이
불교를 비판한
논리는?

성리학은 유교의 철학입니다. 성리학을 집대성한 송나라의 주자는 불교를 이단이라고 하면서 싫어했어요. 성리학이 고려에 들어오면서 엘리트 문신들이 배우게 됩니다. 문신들은 불교를 사회적 폐단, 요즘 식으로 '적폐'라고 여기면서 비판하기 시작했지요. 성리학자들은 왜 불교를 비판했을까요?

 불교는 고려 사람에게 신앙입니다. 불교를 믿는 사람은 신앙을 위해 절에 시주를 하고, 승려를 존중합니다. 이 자체가 나쁜 것은 아니고 당연한 것입니다. 문제는 승려 가운데에도 본래의 모습에 충실하지 않은 사람 때문에 생기는 것이지요. 승려가 재산을 모으거나, 정치에 개입하는 경우입니다.

고려 시대 때 승려는 재산을 모을 수 있는 기회가 많이 있었어요. 대개 국왕이나 귀족이 시주한 물품입니다. 공민왕은 절에서 법회를 열고 돌아오면서 승려에게 포 1,500필을 주기도 하고, 보우라는 승려에게는 황금 50량을 준 경우도 있습니다. 또한 승려는 노비를 소유하고 있었죠.

이렇게 생긴 경제력은 사찰을 다시 짓거나 경영하는 데 쓰입니다. 또는 굶주린 사람을 구제하는 데 이용되기도 하지요. 하지만 일부 승려는 개인 재산으로 쌓아 두기도 했습니다.

또한 절의 재산도 계속 늘어 갑니다. 고려 정부는 절에 사원전을 주었어요. 권력자나 귀족이 절에 토지를 기부하기도 하고,

절 스스로 땅을 늘리는 일이 많아졌지요. 절에 승려가 불어나고, 노동을 해야 하는 사람들도 늘어 갑니다. 일부 절은 고려 후기 부패한 지배층이 자신의 재산을 늘리는 것과 똑같은 짓을 합니다. 일반인을 대상으로 이자 놀이도 하는 것이지요. 절이 땅을 많이 가질수록 나라는 세금을 받을 곳이 점차 줄어들게 됩니다.

"승려가 재산을 모으거나 정치에 개입하면 안 돼"

절에 토지가 늘면 경작에 노동력이 필요하게 되고 이 때문에 절에서는 양민을 노비로 만들거나, 떠도는 사람을 받아들이게 됩니다. 나라의 입장에서는 곤란한 일이지요. 왜냐하면 세금을 내야 하는 양민을 절에서 데려가기 때문입니다.

그 점은 승려가 되겠다고 나서는 경우도 마찬가지입니다. 승려가 되면 군대도 가지 않고, 세금도 내지 않습니다. 고려 정부는 이 상황을 계속 방치할 수 없었기에, 고려 말 승려가 되는 자격증을 받는 데 면포 100필을 요구합니다.

고려 말, 성리학자들은 불교에 대해 비판을 시작합니다. 그중 첫째는 장례 문제입니다. 지금 우리나라의 장례는 화장하는 경우가 상당히 많아요. 하지만 1980년대까지 땅에 묻는 매장이 대부분이었지요. 화장은 불교의 장례법입니다. 불교는 인간의 육체가 일시적인 깃이라고 보았기 때문입니다.

　하지만 유교에서는 사람에게 혼백이 있고, 죽으면 육체에서 점차적으로 하늘과 땅으로 각각 갈라진다고 봅니다. 특히 육체는 땅속의 기운과 결합을 하여 자손에게 영향을 미친다고 생각합니다. 그래서 묘지는 좋은 곳에 써야 하고, 반드시 매장을 해야 합니다. 고려 말 성리학이 널리 퍼지면서 고려가 망하기 3년 전에 화장을 금지하는 법까지 만들게 됩니다.

　둘째는 불교가 유교 윤리를 제일 중요시하는 성리학의 논리를 따르지 않는다는 것 때문입니다. 유교 윤리는 가족과 국가를 유지하는 것이 핵심입니다. 그것은 바로 어버이에 대한 효도와 임금에 대한 충성이지요. 그런데 불교는 이런 윤리를 지키지 않는다는 거예요. 승려가 된다는 것은 원래 가족과의 관계를 끊어야 가능하지요. 승려는 결혼하지 않고, 부모와의 관계도 원칙적으로 끊어야 합니다. 또한 사회적으로 임금과의 관계도 없게 되지요. 실제로는 관계를 갖는다고 해도, 불교 원리상으로 충성하라는 이야기가 없습니다.

　성리학은 불교의 이러한 점들이 부부, 부자, 그리고 임금과 신하의 윤리를 끊는다고 비판합니다. 또한 인간이 죽고 사는 것은 자연에 달려 있으며, 벼슬과 형벌은 임금에게, 그리고 부자가 되는 일과 명예는 노력에 달린 것이라고 주장합니다. 그런데 불교에서는 이것이 부처에게 달린 일이라고 사람들을 유혹한다고 성리학자들은 주장하지요.

성리학자들은 조선 왕조를 세운 이후에 불교 배척론을 내세우게 됩니다. 특히 그들이 두려워했던 것은 사회적인 윤리만이 아니라 불교계가 가진 사회 경제적 힘이었어요. 이런 힘을 국가에 돌리는 것은 불교 배척론의 또 하나의 목적입니다.

누구나 자신의 주장을 이야기합니다. 이런 주장이 설득력이 있으려면, 논리력뿐만 아니라 당시 현실 문제와 관련이 깊어야 합니다. 고려 말 성리학을 받아들인 신진 사대부들은 사회 문제로 대두된 불교의 폐단을 지적하며 불교를 배척했습니다. 하지만 불교를 배척한 또 다른 이유는 불교의 경제적인 힘을 빼앗으려는 의도 때문이었지요. 문제 해결을 위한 다양한 의견은 항상 필요합니다. 그렇지만 그 주장의 이면에 있는 목적이 무엇인가를 파악하는 것도 중요하지요.

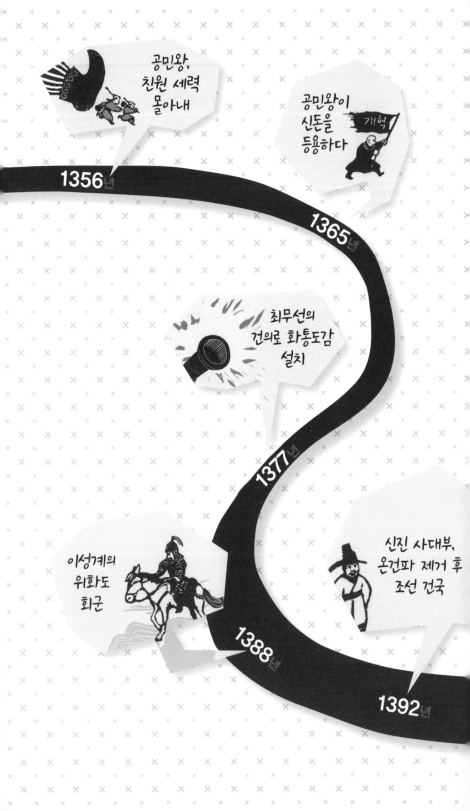

7장

고려의 개혁과
왕조의 종말

35

공민왕이
반원 개혁을
실시한 이유는?

공민왕은 고려 시대 국왕 가운데 가장 인기 있는 왕일 것입니다. 흔히 공민왕은 원에 반대하여 고려의 독립성을 확보한 개혁을 했다고 알려져 있어요. 공민왕은 반원 개혁을 왜 했을까요? 과연 원으로부터 독립하기 위해서일까요? 아니면 다른 목적이 있었을까요?

 공민왕이 국왕이 되는 건 쉬운 일이 아니었어요. 말썽 많던 충혜왕의 동생으로, 세자도 아니었으니까요. 왕의 동생이기 때문에 처음부터 국왕이 될 가능성이 높지 않았죠. 그런데 충혜왕이 갑자기 원에 끌려가자, 세자는 여덟 살이라는 어린 나이에 국왕이 되었어요. 바로 충목왕입니다. 총명했던 충목왕은 불행히도 12세에 죽게 되고, 동생뻘인 충정왕이 12세에 왕이 되었지요. 이때 고려 사람들은 모두가 충정왕보다 공민왕이 왕이 되기를 바랐는데 안타까운 일이었어요.

공민왕은 원에서 노국 대장 공주와 결혼을 하여 자신의 입지를 다집니다. 이 덕분인지 공민왕은 원에 의해 충정왕이 폐위되고 다음 국왕으로 임명이 되었어요. 하지만 공민왕은 여러 시련에 직면하게 됩니다. 자신이 추진하던 노비와 땅 문제를 해결하기 위한 기구를 해체하라는 요구를 받았고, 무엇보다 조일신이란 측근이 문제를 일으켰기 때문입니다.

조일신은 몇몇의 관료와 불량배를 모아, 당시 원에 붙어 있던 기씨 집안 일파를 제거하려고 했습니다. 기씨 집안은 원 순제의 부인인 기황후가 있었기 때문에 권력이 국왕을 능가했죠. 조일신은 난을 일으켜 기씨 일파 몇 명을 제거하기는 했지만 기씨 일파 대부분은 도망치고 말았어요. 이후 공민왕을 협박하여 스스로 좌정승 자리에 앉았지만 결국 체포되었어요. 이때 체포된 일당이 218명일 정도로 세력이 강했답니다. 그래서 현대의 학자 가운데 이 반란은 공민왕이 기씨 일당을 제거하기 위해 꾸민 일이라고 주장하시는 분도 있습니다.

국왕의 권력에 가장 큰 걸림돌이 바로 기씨 집안 사람들입니다. 더구나 이들은 노비나 땅을 마구 빼앗고, 자신들의 수하를 관리로 제멋대로 임명하는 등 온갖 불법적인 일을 다하고 다녔지요.

공민왕은 기씨 일파를 제거할 기회를 기다렸습니다. 이들 뒤에 거대한 원의 황제가 있었기 때문입니다. 그리고 대륙의 정세를 엿보았습니다. 중국 대륙에는 원 왕조의 지배에 반대하는 홍건적의 반란이 여기저기 일어나고 있었죠. 고려의 정부군은 원의 요청으로 반란을 진압하기 위한 전투에 참여하였어요. 원이 위태롭다는 정부군의 보고는 공민왕의 결심을 앞당기게 했어요. 더구나 쌍성에 있던 이성계 집안도 고려에 다시 귀화하였어요. 쌍성에는 원이 직접 통치하는 쌍성총관부가 있었죠.

"국왕의 권력에 가장 큰 걸림돌, 기씨 집안 사람들"

드디어 국왕이 된 지 5년째가 되었습니다. 공민왕은 잔치를 핑계로 하여 대신들을 불렀어요. 이때 기씨 집안 사람들도 초대를 받았는데, 대궐을 지키던 친위 부대가 이들을 숙청하였죠. 그리고 원이 고려에 대해 간섭을 하던 정동행성이라는 정치 기구를 폐지합니다.

하지만 이것으로 끝나지 않았어요. 서북 지역, 즉 지금의 압록강 서쪽으로 군대를 보냈죠. 물론 쌍성 지역에도 파견하여 이들 지역까지도 모두 고려의 땅으로 수복하였어요. 무려 99년 만에 수복한 것입니다. 원나라는 사신을 보내어 문책하였지만, 고려는 땅을 돌려줄 생각이 없었습니다.

공민왕은 권력의 속성을 잘 알고 있었어요. 그는 권력을 발휘하거나 개혁을 하기 위해 원을 등에 업은 세력가를 없애는 것이 필수적이라고 생각했죠. 또한 그는 냉정한 정치인이기도 했어요. 평안도를 공략했던 최고 지휘관을 처단하고 원나라 사신에게 이를 알려 주었습니다. 원에 대한 공격이 자신의 의지가 아니라는 것을 보여 주려 했던 것이지요.

공민왕은 고려의 옛 제도를 하나하나 회복해 나갔지만, 그렇다고 원의 복장을 고려식으로 바꾼 것은 아니었어요. 흔히 공민왕이 원나라 의복을 금지시켰다고 알려져 있지만, 이는 사실과 다릅니다. 또한 공민왕은 원과 정면 대결을 할 정도로 준비가 되어 있지는 않았어요. 그래서 고려는 원의 연호를 사용하면서, 사신을 보내어 적어도 겉으로는 사대를 하는 척하였죠.

원나라 역시 기회만을 보고 있었어요. 이후 원은 공민왕 8년과 10년에 걸친 두 차례의 홍건적 침입에 대해 방관만 하였죠. 그러다가 원은 일방적으로 공민왕을 폐위시키지만, 공민왕이 불복하며 저항해 실패하게 됩니다.

결국 공민왕의 개혁은 두 가지 측면이 있습니다. 하나는 공민왕 자신의 권력과 왕위를 유지하기 위함이고, 다른 하나는 개혁을 위해서는 원의 간섭에서 벗어나야 하기 때문입니다. 원은 고려에 대해 끝까지 영향력을 행사하려 하였어요. 현명한 지도자는 외국의 영향력을 극복하면서도 외교적 관계를 유지하는 일에 유의해야 합니다. 그러기 위해서는 자신의 힘을 기르는 것과 함께 외국의 정세를 제대로 파악하는 것이 같이 이루어져야 합니다.

36

개혁

공민왕은
왜 신돈을
등용했을까?

공민왕은 재위 12년에 흥왕사란 절에 머물다가 김용 등이 반란을 일으켜 거의 죽을 뻔하였습니다. 부인인 노국 대장 공주가 문 앞을 가로막아서 반란자들이 어떻게 할 수 없었지요. 이런 일도 극복한 공민왕은 재위 14년에 신돈을 등용하여 다시 개혁을 시도하게 됩니다. 공민왕은 왜 승려 신돈에게 개혁을 맡겼을까요?

 신돈은 출신이 노비에 가까운 사람입니다. 어머니가 옥천사란 절의 여종이었기 때문이지요. 어릴 때 승려가 된 신돈은 신분 때문에 요즘 말로 왕따였습니다. 그래서 그는 산속 깊은 암자에서 살았어요.

그러나 1358년 신돈은 왕의 측근의 소개로 공민왕을 만나 신임을 얻었어요. 이후 공민왕은 신돈을 스승으로 모시고 국정에 대해 자문을 구했습니다. 공민왕이 신돈의 말을 다 들어주자 사람들은 신돈에게 아부하기 시작했죠. 신돈은 실력자였던 최영 장군을 지방으로 좌천시키고 자신에게 반대하는 사람들을 정계에서 몰아냈어요.

신돈은 관료 임명권을 가지고 자기를 따를 사람을 선발하였

노국 대장 공주

원나라 황족인 위왕의 딸로서 1349년 원나라에서 공민왕과 결혼하여, 함께 귀국하였다. 부부 사이의 금슬이 아주 좋았다고 전해지며, 공민왕의 반원 자주 개혁 정치를 적극적으로 후원하였다고 한다. 노국 대장 공주는 아기를 낳다가 죽고 말았는데, 공민왕은 그녀가 죽은 뒤 정사를 돌보지 않았으며 직접 왕비의 얼굴을 그려 벽에 걸고 바라보며 울었다고 한다.

지요. 공민왕은 신돈에게 진평후라는 큰 벼슬을 내리고 개혁의 실권을 줬어요. 공민왕은 신돈이 도를 깨우쳐 욕심이 없다는 점, 그리고 신돈과 친한 당파가 없다는 점 때문에 이를 맡긴다고 말했죠.

공민왕은 전통적인 귀족 가문은 서로 간에 인맥이 얽혀 있어서, 개혁을 추진할 때 이해관계에 좌우될 수 있다고 보았어요. 그럼 새롭게 등장한 신진 유학자 세력은 괜찮을까요? 아니라는 것입니다. 이들도 귀족 가문과 혼인을 통해 얽히게 되었고, 또한 유학자들은 과단성이 없다고 보았죠. 그래서 불교 승려인 신돈을 등용하여 과감한 개혁을 해 보자는 것이 공민왕의 생각이었어요.

신돈은 공민왕에게 한 가지 조건을 내걸었습니다. 자신에 대한 비방과 이간질에 대해 보호를 해 주겠다는 공민왕의 서약서입니다. 신돈은 우선 군대를 장악한 다음 전민변정도감이라는 기구를 만들었어요. 이곳은 억울하게 땅을 빼앗기고 노비가 된 사람들의 문제를 해결하기 위한 정치 기관입니다. 당시 권력자들이 땅을 마구 빼앗고, 백성들을 노비로 삼는 문제가 있었기 때문에 이런 기구가 필요했던 것입니다. 신돈은 서울의 경우 15일, 지방은 40일의 기한을 주고 땅과 노비를 원래대로 되돌려 놓으라고 포고했어요. 이 때문에 신돈을 가리켜 '성인'이라고 부르는 사람들도 등장했지요.

"귀족도 신진 세력도 아니었던 신돈"

신돈은 과거에 국학이던 성균관을 다시 재건했어요. 당시 성균관은 예비 관료를 위한 교육 기관으로 지금의 대학과는 성격이 좀 다르지요. 지금의 대학은 전문가와 시민을 양성하기 위한 곳이니까요. 성균관을 다시 열자, 이곳에는 총장 격인 유학자 이색을 중심으로 하여 쟁쟁한 학자들이 모입니다. 정몽주, 정도전, 이숭인, 윤소종, 권근과 같이, 흔히 교과서에서 사대부라고 부르는 신진 관료들입니다. 이들은 대개 지방 출신이고, 과거 시험을 실력으로 합격했던 사람들이지요.

사대부는 하나의 신진 정치 세력으로 성장을 하게 되었어요. 성균관은 이들의 집결지가 되었고, 새 엘리트 정치인을 양성하는 중요한 무대가 되었죠. 이들은 성리학을 단순히 연구만 한 것이 아니라, 이를 원리로 삼아 사회 전반을 바꾸려 했어요.

사대부는 사회의 부패와 문제를 해결하려는 문제의식을 지녔고, 신돈 역시 이들의 개혁 대상에 포함되었습니다. 여기에는 신돈 자신의 도덕성의 한계와 권력 독점의 문제가 있었죠. 신돈은 개혁을 추진하면서 귀족 가문의 반발뿐만 아니라 이들 신진 사대부 세력의 비판에도 직면하게 됩니다. 신돈은 자신의 일파를 제외한 대부분의 사람들에게 '공공의 적'이 되었어요.

결국 신돈의 권력이 공민왕을 능가하려는 기미가 보이기 시작하자, 공민왕 역시 신돈을 그냥 두지 않았습니다. 신돈은 반역 혐의로 수원에 유배되었다가 그곳에서 처형당하게 됩니다.

이처럼 한 시대를 개혁한다는 것은 쉬운 일이 아닙니다. 또한 신돈의 방식 역시 한계가 많았죠. 땅과 노비 문제를 근본적으로 바꾼 것이 아니라 신고를 통해 소원을 들어주는 방식이었으니까요. 더구나 개혁을 추진하는 세력의 부패와 도덕성의 미흡은 상대방에게 공격거리를 주게 마련입니다. 이처럼 개혁을 추진할 때에는 철저한 계획과 준비, 그리고 근본적인 관점에서 앞을 내다보아야 합니다. 우리는 개혁이 얼마나 어려운가를 신돈의 사례에서 이해할 수 있습니다.

최무선이
화포를 만든
이유는?

최무선은 고려에서 화약을 처음 만든 사람입니다. 화약뿐만 아니라 화포까지 만들었지요. 최무선이 화약에 관심을 갖게 된 이유는 당시 최고의 골칫거리인 왜구 때문입니다. 왜구는 일본의 해적을 말하지요. 최무선은 왜구를 물리치기 위해 왜 화포가 필요하다고 생각했을까요?

 몽골의 일본 침입 이후 일본 중앙 정부의 힘이 약해지고 지방의 영주들이 독자적인 힘을 갖게 됩니다. 그런 가운데 일부 세력은 바다를 건너 노략질을 시작하는데 점차 노략질의 범위는 넓어져 갑니다. 처음에는 한반도, 그다음에는 중국, 나중에는 타이완, 필리핀까지도 확장이 되었죠.

왜구가 처음 등장한 것은 무신 집권기 때였지만, 1350년부터는 본격적으로 우리나라에 들어옵니다. 공민왕 때는 재위 23년 동안 115회나 기록에 등장할 정도로 자주 들어왔습니다. 들어오는 지역이 처음에는 경상, 전라, 충청도와 같은 남부 지역이었다가, 이후 전국적으로 확대됩니다. 심지어 수도인 개경 근처의 강화도와 예성강까지 들어왔지요.

이로 인해 공민왕 다음 국왕인 우왕은 수도를 내륙 깊숙한 곳으로 옮기려고까지 생각했어요. 우왕 때는 재위 14년 동안 378회나 기록될 정도로 침입이 잦았던 것입니다. 이 때문에 해안 주변의 마을들은 쑥대밭이 되었으며, 해안가에는 사람들이 살지 못할

지경에 이르렀어요.

"최무선의 집념이
역사를 바꿨다"

왜구가 침범하는 횟수가 느는 만큼 규모도 점차 커져 갔습니다. 1380년에는 500척의 배가 금강 하구에 있는 진포에 들어왔어요. 한 배에 30명만 타도 15,000명이 들어왔다는 이야기입니다. 이것은 말이 해적이지 거의 군대 수준의 침략입니다. 그전에도 왜구의 기병 700명, 보병 2,000명이 경상도의 주요 도시인 진주까지 들어왔지요.

왜구가 주로 약탈했던 것은 사람과 곡식입니다. 사람은 잡아다가 노예로 팔았죠. 그리고 일본에서도 불교를 믿기 때문에 불교 문화재도 약탈했어요. 경상남도 양산에 있는 통도사란 절은 지금도 유명합니다. 이 절에는 부처님의 진짜 사리, 즉 화장한 후에 남은 뼈가 모셔져 있습니다. 왜구는 이 정보를 어디서 들었는지, 이를 약탈하기 위해 통도사로 쳐들어왔어요. 당시 통도사의 주지 스님이 사리를 가지고 개경으로 간신히 도망쳐서 왜구의 약탈을 모면했지요.

왜구는 단순히 도둑질만 한 것이 아니라 많은 사람들을 마구 죽였습니다. 고려 정부가 손을 놓고만 있었던 것은 아니지만 가장 어려운 점은 일이 벌어진 후에 대책이 되기 쉽다는 것입니다. 삼면이 바닷가인 한반도에서 왜구가 어디로 들어올지 예측하기 힘들 수밖에 없지요.

군대가 모든 해안을 지키고 있을 수는 없습니다. 그래서 왜구가 나타나면 중요한 지역에 있던 몇 개의 부대가 서로 연락해서 출동을 해야 합니다. 당시에는 군대가 출동하기 위해서 시간이 많이 필요했어요. 그러니 왜구가 상륙했다는 연락을 받고 현장에 가 보면 벌써 왜구는 배를 타고 도망갔지요.

그래서 고려 정부는 해군을 양성하기로 결단을 내립니다. 왜구가 육지에 상륙하기 전에 바다에서 소탕하자는 방안입니다. 문제는 해군은 하루아침에 만들어지지 않는다는 점이고, 더 큰 문제는 해군이 왜구와 해전을 벌인다고 해도 승리하기 어렵다는 사실입니다. 전투에 능한 왜구가 고려군의 배에 건너와 백병전을 벌이면 고려군은 무서워서 바닷속에 스스로 몸을 던지는 일이 많았지요.

최무선의 아이디어는 바로 이 때문에 나온 것입니다. 먼 거리에서 왜구의 배를 제압할 수 있는 무기가 화포라는 것에 착안하였죠. 최무선은 화포에 들어갈 화약을 만들기 위해 열심히 노력했어요. 당시 중국에서는 화약이 있었기 때문에 그 기술을 알고 있는 중국 기술자를 포섭하려고 온갖 노력을 다 기울였죠. 결국 최무선은 화약 기술을 알아냈고, 이를 개량합니다. 또한 화포를 만들자는 건의를 정부에 계속하여 결국 화포가 고려 배에 장착되었습니다. 마침내 금강 하구인 진포에 들어온 왜구의 배를 불살라 버렸고 500척의 배에서 오직 330여 명만이 도망칠 수 있었지요.

이처럼 한 사람의 끈질긴 노력이 고려의 국방에 큰 힘이 되었습니다. 최무선의 화포는 처음에는 많은 사람들에게 인정받지 못했어요. 그는 사람들을 설득시키기 위해 부단히 노력했고, 그 결과 조선 왕조에 들어와서도 화포 개량에 힘쓸 수 있었죠. 이 화포 무기가 나중에 임진왜란에까지 영향을 주어, 이순신 장군의 활약에 큰 도움이 되었답니다. 한 사람의 노력과 집념이 이렇게 역사를 바꿀 수 있습니다.

이성계가 위화도에서 군대를 돌린 까닭은?

이성계가 새로운 왕조를 만든 계기가 된 사건은 '위화도 회군'입니다. 요동 정벌을 위해 출동한 이성계가 압록강에 있는 위화도까지 갔다가, 군대를 되돌린 사건이지요. 이성계는 요동 정벌에 반대했지만, 국왕의 명령을 받고 출동했어요. 그는 국왕의 명령을 위반한 죄로 죽을 것을 알면서도, 왜 위화도에서 군대를 돌렸을까요?

 이성계는 함경도 함흥 출신의 장군입니다. 함흥 지역의 세력가 이성계 가문은 원나라에 속해 있다가, 이성계의 아버지가 공민왕 편을 들면서 다시 고려로 돌아옵니다. 이성계의 아버지 이자춘은 기씨 세력을 없애는 것에 활약하고 원에 빼앗긴 땅을 고려에서 되찾을 수 있도록 도와준 덕분에 고려에서 신임을 받을 수 있었어요.

이자춘이 1360년에 사망하면서, 25세이던 이성계가 아버지의 지위를 물려받습니다. 활을 무척이나 잘 쏘았던 이성계는 전투에 직접 참여하여 많은 공로를 세웁니다. 특히 이성계가 중앙 정계에서 주목받기 시작한 것은 공민왕 10년 홍건적의 침입으로 함락된 개경을 수복하는 작전 때부터입니다. 이후 그는 전라도 남원과 운봉에 이르른 왜구와 황산에서 맞딱뜨려 큰 전투를 벌인 끝에 승리합니다(황산 대첩). 당시 전투에서 죽은 왜구 때문에 피로 물든 냇물을 7일 동안이나 마실 수 없을 정도의 대승리였지요. 왜구로부터 노획한 말이 1,600필 정도였다고 하니 당시 왜구의 규모를 짐작할 수 있어요.

이성계가 무장으로 크게 성장할 수 있었던 이유는 리더십이 훌륭하기도 했지만, 그 아래 거느린 군인들이 이성계의 개인 명령에 의해 움직이는 병사들이었기 때문이에요. 이성계 아래에는 함경도 출신의 억센 무사들이 많았으며, 그중에는 여진 출신도 제법 있었죠. 이성계는 출신 여부에 상관없이 무예 능력이 뛰어난 사람들을 아래에 두었어요. 그래서 단결력이 매우 강했습니다.

이런 이성계에게 요동 정벌이라는 시련이 닥쳐옵니다. 요동 정벌은 악화된 고려와 명 사이의 외교 문제로 불거진 것입니다. 고려의 공민왕은 명이 세워지자 친선적인 외교 관계를 구축합니다. 물론 원을 견제하기 위함입니다. 하지만 공민왕이 사망하고 우왕이 왕위에 오르자 외교 관계의 중심은 명이 아닌 북쪽으로 쫓겨난 원으로 바뀝니다. 그런데 명은 요동에 진출한 이후 고려에게 철령 이북의 땅에서 철수하라고 요구합니다. 명이 직접 이곳을 다스리겠다는 통보였지요.

"최영과 이성계
누가 옳았을까?"

당시 집권자였던 최영 장군은 격분하였습니다. 그리고 우왕과 의논하여 요동 지역을 정벌하자는 결정을 내립니다. 하지만 아직까지도 요동 정벌의 목표가 무엇인지 알려져 있지 않습니다. 최영 장군의 의도가 요동을 점령하여 우리 땅으로 만들려는 것인지, 아니면 무력시위를 통해 명에게 경고하자는 것인지 알 수 없기 때문입니다.

명령을 받고 요동을 정벌하러 떠났던 이성계는 위화도에서 군대를 돌려 개경을 점령하고 최영 장군을 체포했어요. 이후 이성계는 우왕과 뒤이은 창왕을 몰아내고, 공양왕을 내세웁니다. 하지만 공양왕도 4년을 채우지 못하고 결국 새로운 왕조가 시작됩니다.

이성계는 명에게 대적하는 것이 옳지 않다고 판단했습니다. 명은 신흥 강국이고, 고려가 여기에 대항하면 생존의 위험에 부딪칠 것이라는 점을 우려했던 거지요. 이성계는 위화도 회군 이후 원과의 관계를 단절하고 명과 외교를 복원합니다. 과연 최영이 옳았을까요, 아니면 이성계가 옳았을까요? 이것은 어느 쪽이 옳다고 쉽게 판단할 문제가 아닙니다. 다만 어느 쪽을 선택할 때 미칠 영향에 대해 고민해야 할 문제입니다.

39

정도전과
정몽주, 어떻게
생각이 달랐을까?

정도전과 정몽주는 고려 말에 등장한 신진 사대부입니다. 두 사람은 고려 왕조의 문제를 개혁하고자 했지만 그 방법에서 차이가 컸지요. 정도전은 적극적인 개혁을 위해서는 고려 왕조 체제로는 불가능하다고 생각했고 반면에 정몽주는 새 왕조까지 만드는 것은 너무 나간다고 보았어요. 두 사람의 생각은 왜 그렇게 차이가 났을까요?

 정도전과 정몽주는 공통점이 많습니다. 우선 두 사람은 지방 출신으로 과거 시험에 합격했지요. 특히 정몽주는 공부를 무척이나 잘해서 과거 시험에서 계속 수석을 했어요. 또한 두 사람은 가까운 관계여서 서로 주고받은 글이 제법 남아 있지요. 이들은 당시 신진 사대부의 대표적 인물입니다.

하지만 정도전은 정치적으로 시련을 많이 겪었습니다. 우선 우왕이 즉위한 다음에 원에서 사신이 오게 되는데 당시 신진 사대부는 이를 반대하는 상소를 올립니다. 하지만 집권자였던 이인임과 경복흥은 이를 물리칩니다. 그러자 정도전은 경복흥의 집에 가서 원의 사신이 오면 죽이거나, 묶어서 명에 보내겠다고 했지요.

이 일로 인해 정도전은 전라도 나주의 작은 마을로 유배를 가게 됩니다. 이후 유배에서 풀린 정도전은 관료로 복귀하지 못합니다. 단단히 감정적으로 찍힌 탓입니다. 그뿐 아니라 지금 북한산 아래에 조그만 학교를 열었는데, 당시 재상이 시끄럽다고 쫓아냅니다. 이처럼 정도전은 몇 차례 정권의 박해를 받았지요.

한편 정몽주는 정도전보다 나이가 조금 많았어요. 그는 과거 시험에 합격한 후에 이성계를 따라 전투에도 참여를 했지요. 이성계는 정몽주의 능력을 인정하고 그를 아끼게 됩니다. 특히 정몽주는 성균관에서 교수로 활동했는데, 당시 성리학의 최고 일인자였다고 하네요.

정몽주는 공부만 잘했던 것이 아니라 행동파였어요. 그는 고려 정부가 골치 아파 했던 명과의 외교를 맡아 순탄하게 이끌었지요. 또한 일본과의 외교에도 나섰어요. 일본에 직접 사신으로 가서 왜구 문제를 처리했어요. 이때 포로가 된 고려인들을 데리고 왔고, 이후에도 고위층에게 부탁하여 돈을 모아 포로들을 되찾아 오는 데 노력을 기울였지요.

"충신의 상징이 된 정몽주 역적으로 내몰린 정도전"

정몽주는 정도전을 이성계에게 추천했습니다. 이후로 두 사람은 정치적인 동지가 됩니다. 하지만 개혁을 추진하는 과정에서 틈이 생기게 됩니다. 고려 말에 가장 핵심적인 문제는 토지였어요. 관료들에게 나누어 주는 토지 문제를 해결해야, 세금 등 여러 문제를 해결할 수 있었죠.

정도전은 관료들에게 나누어 주던 토지를 모두 몰수하고 이를 다시 나누어 주자고 주장합니다. 하지만 정몽주는 여기에 대해 우려를 표시했어요. 그렇게 되면 기존 체제를 전부 바꾸어야 하는데, 상당한 무리가 따른다는 것이지요. 이로 인한 사회적 혼란도 염두에 두었을 것입니다.

정도전과 일부 신진 사대부는 여러 반대에도 불구하고 개혁을 추진합니다. 그 결과가 바로 토지 제도인 과전법입니다. 이 제도는 조선 왕조로 그대로 넘어갑니다. 특히 정도전은 이성계와 밀착하여 정치 제도나 불교 등 여러 분야에서 전반적인 개혁을 추진하려 했어요.

이런 가운데 정몽주는 정도전과 이성계의 의도를 의심하고, 우선 정도전과 함께 개혁 추진을 맡은 사대부들을 숙청하려 합니다. 언론을 동원하여 정도전 일파를 공격하고, 국왕인 공양왕과 함께 이들을 유배 보냅니다. 정도전과 정몽주는 서로 돌아올 수 없는 다리를 건넌 셈입니다. 이런 일은 이성계가 해주에서 사냥을 하다가 부상을 당한 틈에 벌어졌지요.

이성계의 셋째 아들인 이방원은 결국 정몽주를 죽이기로 결심하고 부하들을 보내 살해합니다. 이후 조선 왕조가 건국되고, 정도전은 왕조의 설계자로서 권력을 장악합니다. 그렇지만 정도전은 태조 7년에 이방원이 일으킨 '왕자의 난' 당시에 죽임을 당합니다. 당시 정도전은 요동 정벌을 추진하면서 개인의 사병을 없애려 했습니다. 그의 요동 정벌은 많은 반대에 부딪쳤고, 이로 인해 목숨까지 잃게 됩니다. 이후 정도전은 조선 후기까지 역적으로 취급되어 그의 무덤의 위치조차 알 수 없게 됩니다.

반면 정몽주는 태종 이방원에 의해 복권이 되고, 조선 왕조 동안 충신의 상징으로 존경받게 됩니다. 이방원은 왕조가 안정된 후에는 혁명가보다 충절을 지키는 신하가 필요하였기 때문에 복권을 시켰지요. 이렇게 역사는 때로는 아이러니하게 진행이 됩니다. 두 사람 중에 누가 훌륭한가는 의미가 없습니다. 모두 각자의 길에서 어떻게 최선을 다했는지 살펴보는 것이 중요합니다.

왕자의 난

개국 공신인 정도전이 왕보다 신하의 힘을 강화시키고 사병을 없애려 하자, 1398년 8월 25일 방원은 신의왕후 한씨 소생의 형제들과 함께 정도전, 남은 등 반대 세력을 죽이고, 세자 방석과 그의 형 방번을 살해하였다. 이를 제1차 왕자의 난이라고 한다. 방원은 둘째형 방과를 세자로 삼았고 난이 수습된 후 왕위에 올렸다(정종). 제2차 왕자의 난은 1400년 1월 벌어진 방원과 방간의 싸움이다. 방원의 승리로 끝이 났으며, 방원은 정종으로부터 왕위를 물려받았다.

40

고려 왕조는
왜 망했을까?

고려 왕조는 918년에 일어나 1392년에 망했습니다. 거의 500년 가까이 지속되다가 조선 왕조로 바뀐 셈입니다. 고려 왕조는 왜 망하게 되었을까요? 단순히 이성계가 힘이 있어서 권력을 빼앗았기 때문에 망한 것일까요, 아니면 망할 수밖에 없는 여러 문제를 가지고 있어서일까요?

고려는 출발할 때 지방 세력가인 호족이 사회의 중심 세력이었습니다. 그 점에서 혈통을 따지는 신라의 귀족보다 건강한 사회였어요. 하지만 시간이 오래 흐르면서 과거와 다르게 여러 문제를 안게 됩니다.

우선 정치적으로 지배층의 리더십이 크게 추락합니다. 어느 사회이든 지배층이 건전하고 자신의 정치·사회적 역할을 다할 때, 국가적 문제가 적어져요. 외부의 다른 나라가 침략했거나 아니면 커다란 자연재해가 일어났을 때가 아니면 내부의 동요가 적습니다. 그러나 고려 후반기로 갈수록 권력을 둘러싼 지배 세력 내부의 경쟁이 치열해지고, 이 경쟁이 외부인 원나라 지배층과 연결이 되었어요. 이런 가운데 경쟁에 이기기 위해, 지배층은 경제력을 얻으려고 땅을 모으고 노비를 끌어들였지요. 합법적이면 상관이 없지만, 온갖 불법적인 방법으로 이런 일을 벌였습니다.

보통 사람은 세금을 내는 것도 버거운데, 지배층의 자식은 온갖 특권을 누리면서 쉽게 관료가 됩니다. 이렇게 공정성이 무너지면서 국가는 점차 사회적 이해관계를 조절할 능력을 잃게 되었죠.

귀족의 자식은 음서를 통해 10세도 안 되는 나이에 관직에 나가게 됩니다. 오죽하면 공민왕이 직접 과거 시험 답안지를 검사하고, 10세 미만인 경우는 합격을 취소시켰을까요.

더구나 지배층은 서로 간에 결혼 등으로 결합하고, 내부적으로 자기 인맥을 관청에 심으려고 노력합니다. 지배층의 인맥에 들어 가고 싶으면 관직에 나아가 세금을 수탈하여, 이를 뇌물로 바쳐야 해요. 이런 상태가 갈수록 악화됩니다. 심지어 재상의 수가 고려 전기에는 10여 명 정도였는데 후기에는 70~80명으로 늘어납니다. 이들이 각각 명령을 내리니 밑에서 일하는 사람들은 모순된 명령에 치를 떨어야 하겠지요.

그러면 국왕이라도 이를 조정하거나 개혁을 해야 해요. 하지만 원이 간섭하던 시절에 국왕은 원의 눈치를 보면서 왕위를 유지하는 쪽에만 신경을 썼습니다. 잘못하면 국왕 자리에서 쫓겨나기 때문에, 국왕조차도 부패한 귀족처럼 행동하게 됩니다. 왕위를 둘러싸고 아버지와 아들 사이에 갈등이 생기고, 서로 왕위를 주고받는 일이 빈번하였어요. 심지어 가장 개혁적인 공민왕까지 말년에는 자기 권력을 지키기 위해 엘리트 귀족의 자제를 모아 자제위라는 기구를 만듭니다. 하지만 이 자제위가 거꾸로 칼을 들고 공민왕을 암살하는 사태가 벌어지기도 했지요.

신진 사대부는 고려 말, 편법과 불법이 난무하는 사회를 개혁으로 바로잡고자 했습니다. 그리고 그 원리로 성리학을 생각했어요. 성리학은 사회 질서를 중시하고, 윤리와 도덕을 우선시하는 이념입니다. 이를 위해 이들은 농업을 바탕으로 한 사회, 안정되고 질서 있는 국가를 만들고자 했지요. 이들은 상업이 발전하고, 사회적 부가 한쪽으로 편중되는 사회가 되면 안 된다고 여겼어요. 그래서 누구나 똑같이 세금을 내고, 똑같이 군역을 짊어지는 사회를 생각했습니다. 또한 지방 출신의 사대부에게 좀 더 관직을 개방하여 지배층의 순환이 이루어지기를 바랐습니다. 물론 이러한 이상처럼 조선 왕조가 굴러 간 것은 아닙니다.

"낡은 체제는 변화를 요구한다!"

하지만 조선 왕조는 새롭게 변화된 모습으로 국가의 역할을 해 나갑니다. 사실 고려 말 백성의 입장에서는 세금 이상으로 홍건적이나 왜구의 침입과 같은 전쟁으로 받은 상처가 무척 컸습니다. 100퍼센트는 아니지만 조선 왕조는 이런 문제를 일정하게 해결해 나갔지요. 그래서 조선 왕조에서는 세종과 같은 임금이 등장하고, 더 새로워진 국가 운영 방식을 만들 수 있었던 것입니다.

어느 사회나 낡은 체제는 변화를 요구합니다. 이를 제대로 수행하는 사회는 지속 가능하지만, 모순을 방치하면 결국 새로운 나라를 요구하는 일이 생깁니다. 이것도 역사의 한 법칙이겠지요.

질문하는 한국사2 고려

고려 사람들은 일찍 세계화를 경험했다고?

초판 1쇄 발행 2019년 12월 10일
초판 2쇄 발행 2020년 7월 30일

지은이 김인호
그린이 오승민
펴낸이 이수미
편집 이해선
북 디자인 신병근
마케팅 김영란

종이 세종페이퍼 인쇄 두성피엔엘 유통 신영북스

펴낸곳 나무를 심는 사람들
출판신고 2013년 1월 7일 제2013-000004호
주소 서울시 용산구 서빙고로 35. 103동 804호
전화 02-3141-2233 팩스 02-3141-2257
이메일 nasimsabooks@naver.com
블로그 blog.naver.com/nasimsabooks

ⓒ 김인호, 2019
ISBN 979-11-90275-10-1
　　　979-11-90275-08-8(세트)

- • 이 도서의 국립중앙도서관 출판예정도서목록(CIP)은
  서지정보유통지원시스템 홈페이지(http://seoji.nl.go.kr)와
  국가자료공동목록시스템(http://www.nl.go.kr/kolisnet)에서 이용하실 수 있습니다.
  (CIP제어번호:CIP 2019047614)

- • 책값은 뒤표지에 있습니다. 잘못된 책은 바꾸어 드립니다.